Traduzidos dos respetivos originais, com introduções e notas explicativas, esta coleção põe o leitor em contacto com textos marcantes da história da filosofia.

Diálogo de um filósofo cristão e de um filósofo chinês

Título original:
Entretien D'un Philosophe Chrétien et D'un Philosophe Chinois sur L'Existence et la Nature de Dieu
(1708)

Tradução: João Gama

Revisão: Artur Morão

Capa de FBA

Depósito Legal n.º 435184/17

Biblioteca Nacional de Portugal – Catalogação na Publicação

MALEBRANCHE, Nicolas, 1638-1715, C.O.

Diálogo de um filósofo cristão e de um filósofo chinês: sobre a existência e a natureza de Deus. – (Textos filosóficos)
ISBN 978-972-44-2053-0

CDU 2

Paginação:
João Félix – Artes Gráficas

Impressão e acabamento:
Pentaedro
para
EDIÇÕES 70
novembro de 2017
(1990)

ISBN: 978-972-44-2053-0
ISBN da 1.ª edição: 972-44-0812-4

EDIÇÕES 70, uma chancela de Edições Almedina, S.A.
Avenida Engenheiro Arantes e Oliveira, 11 – 3.º C – 1900-221 Lisboa/Portugal
e-mail: geral@edicoes70.pt

www.edicoes70.pt

Nicolas Malebranche

Diálogo de um filósofo cristão e de um filósofo chinês

sobre a existência e a natureza de Deus

70

Advertência

Diálogo de um Filósofo Cristão e de um Filósofo Chinês é uma das últimas obras de Nicolas Malebranche (1638-1715), juntamente com as *Reflexões sobre a Premonição Física* (1715). Foi publicado em 1708, embora tenha sido redigido no ano anterior. É, essencialmente, como logo se depreenderá, uma obra apologética, escrita por um teólogo-filósofo, que se defronta aqui com várias correntes de ideias: em primeiro lugar, com Antoine Arnauld (1612-1694), personalidade fulcral do jansenismo; mas, sobretudo, com o espinosismo, o espectro que assedia todo o escrito de Malebranche, só que ao longo do diálogo a doutrina de Espinosa é perspetivada através de um pensamento estranho e remoto, o pensamento chinês.

É à luz do intuito racionalista e do misticismo filosófico do autor da *Recherche de la Vérité* que importa apreciar o presente opúsculo. Por um lado, Malebranche contrasta com Descartes e Pascal, que separavam radicalmente a filosofia da teologia;

também admite, é certo, as diferenças entre os dois domínios, mas nem por isso deixa de afirmar com força a união das duas ordens de verdade, tentando associar progressivamente a razão cartesiana e a razão cristã, a filosofia do *cogito* e a teologia do *Deus absconditus*, na realização consequente do programa do *credo ut intelligam*.

Por outro lado, a sua convicção de que a razão eterna e a razão revelada são apenas uma e a mesma razão levou-o a acentuar o acordo entre a filosofia e a religião, sobretudo no que esta tem de inteligibilidade filosófica, ou a harmonia profunda entre razão e fé, que entre si se complementam. Assim, todo o seu esforço intelectual vai no sentido de encontrar para a ciência um fundamento metafísico, e de assinalar ao conhecimento em geral as suas condições de objetividade a partir da ideia. Tal é o significado da conceção, que veio a chamar-se *ontologismo*, proposta como explicação das verdades eternas.

Para Malebranche, e de acordo com a sua teoria do *ocasionalismo*, as criaturas não são verdadeiramente causas, princípios de ação, mas apenas *ocasiões* de Deus, causa universal e infinita, para nelas manifestar e exercer as leis naturais, simples e de caráter estético-arquitetónico, em consonância com a sabedoria divina. Por conseguinte, a alma humana também não é capaz de produzir por si as próprias ideias, nem possui de modo inato, como afirmava Descartes, ideias de tipo matemático e outras, dotadas de imutabilidade e necessidade. Todas as ideias eternas, portanto, também as matemáticas, têm o seu lugar em Deus, causa das verdades e das realidades.

Malebranche salienta a *sabedoria* como principal atributo divino e ela manifesta-se sobretudo na «lei natural» que rege todas as ordens do ser. Deus é, por conseguinte, o lugar das ideias, de que participam todas as razões criadas. E o repositório inteligível onde a razão humana descortina as verdadeiras relações de que os sentidos, a imaginação e as paixões fornecem apenas reflexos mínimos. Como artífice e arquiteto, organiza a variedade infinita dos existentes, numa economia de conjunto em que a sua vontade se guia pela sabedoria (contrariamente à tese cartesiana da criação voluntarista das verdades eternas), já que as verdades são incriadas e coeternas à substância de Deus. Mais do que como Ser que se manifesta a si mesmo no pensamento, Deus é a unidade absoluta do sistema das ideias, a autotransparência ilimitada do mundo ideal, norma para todas as ordens do ser e da existência. Assim, porque o espírito humano está unido à sabedoria divina, sede das verdades eternas, o homem conhece o universo em Deus, que o governa segundo leis gerais, as quais asseguram a ordem estabelecida por Deus em tudo o que foi criado.

O espírito humano, por seu turno, deve fundamentalmente consentir na evidência em que se exerce a atenção intelectual por meio do *método*, na busca do conhecimento genuíno. Contudo, o método é só um meio, não produz a luz (como opinava Descartes). Deus, como mestre interior, é que guia a investigação da verdade. Para Malebranche, como já se disse, nenhuma criatura é causa; logo, o espírito também não cria as suas ideias, nem estas lhe são inatas. Deste modo se vê como Malebranche prolonga algumas teses augustinianas, mas que distorce e insinua ao mesmo tempo o caminho para o pensamento de Berkeley.

*

*   *

Talvez com estes pressupostos se apreenda melhor a finalidade do opúsculo. Malebranche, acima de tudo, visa atacar o espinosismo por interposição do debate com a filosofia de Confúcio, em virtude das analogias que se descobrem entre esta e o sistema de Espinosa. É de admirar a rara habilidade com que ele combina a sua informação sobre o pensamento chinês e a crítica ao espinosismo — não lhe interessa tanto a objetividade histórica quanto a eficácia na controvérsia!

O escrito supõe ainda uma outra intenção: pretende pôr-se ao serviço da militância missionária, aproveitando o contacto de ideias entre o Oriente e o Ocidente no século XVII. O pano de fundo do que nele se diz é a famosa, e em parte lamentável, na história da Igreja, *questão dos ritos*, que gerou uma polémica violenta entre os jesuítas e outras ordens religiosas, a propósito da evangelização da China e da acomodação do culto cristão às culturas autóctones do Oriente. Malebranche alinha nesta luta ao lado dos que combatiam contra as hostes inacianas, recusando-se a atenuar a verdade da religião em prol da conquista oportunista e obtida à custa da demissão. Mas, decerto, o futuro, atenuado não só o racionalismo inflexível, mas igualmente infirmado o etnocentrismo europeu, mesmo na sua expressão filosófica e teológica, iria desdobrar-se mais na direção das tentativas, talvez ainda desajeitadas, dos missionários da Companhia de Jesus.

*

*   *

O texto que serve de base à presente tradução é o das *Oeuvres Complètes*, t. XV, sob a direção de André Robinet, na coed. de J. Vrin e do CNRS, Paris, 1970. Aproveitaram-se algumas notas, devidamente assinaladas.

No fim do volume, propõe-se uma bibliografia seleta sobre Malebranche, para o leitor que pretender alcançar um conhecimento mais profundo do seu sistema.

ARTUR MORÃO

DIÁLOGO DE UM FILÓSOFO CRISTÃO E DE UM FILÓSOFO CHINÊS
sobre a existência e a Natureza de Deus

O chinês: — Quem é esse Senhor do Céu que de tão longe nos vindes anunciar?

Não o conhecemos, pois só queremos acreditar naquilo a que a evidência nos obriga. Eis porque só aceitamos a matéria e o *Li* ([1]), a soberana Verdade, Sabedoria, Justiça, que subsiste eternamente na matéria, que a forma e dispõe nesta admirável ordem que vemos, e que também ilumina esta porção de matéria purificada e organizada de que somos compostos. Com efeito, é necessariamente nesta soberana Verdade, à qual todos os homens

---

([1]) Os seis artigos mencionados no «Aviso ao leitor» (cf. à frente, p. 47) definiriam o *Li*. Como se vê, *Li* é interpretado por Malebranche e outros contemporâneos num sentido teológico e cósmico, mediante uma hermenêutica extrema e que favorecia a intenção apologética do *Diálogo*. Segundo estudiosos modernos, *Li* indica no confucionismo as regras de conduta que determinam e estabelecem as relações inter-humanas e o modo como se deve agir em dada situação. *Li* serve também para expressar a atitude interior de humanidade (do *pen*).

estão unidos uns mais do que outros que veem as verdades e as leis eternas que são o vínculo de todas as sociedades.

O cristão: — O Deus que vos anunciamos é o mesmo cuja ideia está gravada em vós e em todos os homens. Mas, por não lhe darem bastante atenção, não a reconhecem, tal como é e estranhamente a desfiguram. Eis porque *Deus*, para nos revelar a sua ideia, nos declarou pelo Profeta que Ele é *aquele que é*, a saber, o Ser que encerra na sua essência tudo quanto há de realidade ou de perfeição em todos os seres, o Ser infinito em sentido absoluto, numa palavra, o Ser.

Quando chamamos *Senhor do Céu* ao Deus que adoramos, imaginais que o concebemos como um grande e poderoso imperador. O vosso *Li*, a vossa soberana justiça aproxima-se infinitamente mais da ideia do nosso Deus, do que a do poderoso imperador. Desenganai-vos a respeito da nossa doutrina. Repito: o nosso Deus é *aquele que é*, é o Ser infinitamente perfeito, é o Ser. O rei do Céu que considerais como nosso Deus, não seria mais do que um tal ser, um ser particular, um ser finito. O nosso Deus é o Ser sem qualquer restrição ou limitação. Encerra em si próprio, de uma maneira incompreensível a todo o espírito finito, todas as perfeições, tudo o que existe de realidade verdadeira em todos os seres, criados e possíveis. Encerra em si o que até existe de realidade ou perfeição na matéria, o último e o mais imperfeito dos seres; mas sem a sua imperfeição, a sua limitação, o seu nada, pois não há o nada no Ser, a limitação no infinito em todo o género ([2]). A minha mão não é a minha cabeça, a minha cadeira, o meu quarto, nem o meu espírito nem o vosso. Encerra, por assim dizer, uma infinidade de nadas, os nadas de tudo o que ela não é. Mas no Ser infinitamente perfeito não existe o nada. O nosso Deus é tudo o que é em toda a parte onde está, e está em toda a parte. Não vos esforceis por compreender como isto é assim. É que sois finito, e os atributos do infinito não seriam os seus atributos, se um espírito finito os pudesse compreender. Pode demonstrar-se que isto é assim: mas não pode explicar-se como. Apenas se pode provar que isto deve ser incompreensível e inexplicável a todo o espírito finito.

O Chinês: — Estou de acordo em que a ideia que me dais do vosso Deus é a mais excelente de todas,

---

([2]) O isolamento destas fórmulas, arrancadas ao contexto, é que permitiu ao crítico das *Mémoires de Trévoux* acusar Malebranche de espinosismo. Com efeito, reza assim a definição VI da *Ética*, I parte: *Per Deum intelligo ens absolute infinitum, hoc est, substantia constantem infinitis attributis, quorum unumquodque aeternam et infinitam essentiam involvit. «Explicatio». Dico absolute infinitum, non autem in suo genere; quicquid enim in suo genere tantum infinitum est, infinita de eo attributa negare possumus; quod autem absolute infinitum est, ad eius essentiam pertinet quicquid essentiam exprimit et negationem nullam involvit.* O crítico não deixa também de remeter para o axioma 5 da II parte da *Ética*: *Per realitatem et perfectionem idem intelligo.* Cf. pp. 44-45.

pois não há nada maior do que o infinito, seja ele como for. Negamos, porém, que este infinito exista. É uma ficção, uma imaginação sem realidade ([3]).

O Cristão: — Defendeis, e com razão, que há uma soberana regra e uma soberana verdade, que ilumina todos os homens e introduz esta admirável ordem no universo. Se vos dissessem que a soberana verdade não passa de uma ficção do vosso espírito, como provaríeis a sua existência? Certamente, a prova da sua existência não é mais do que uma consequência da do Ser infinitamente perfeito. Vereis isto muito em breve. Eis, porém, uma demonstração muito simples e muito natural da existência de Deus, a mais simples de quantas vos poderia dar.

Pensar em nada e não pensar, percecionar o nada e nada percecionar é a mesma coisa. Portanto, tudo o que o espírito perceciona imediata e diretamente é alguma coisa ou existe. Prestai atenção: digo imediata e diretamente. Aliás, sei perfeitamente, por exemplo, que quando dormimos, ou em muitas ocasiões durante a vigília, pensamos em coisas que não existem. Mas então não são essas coisas o objeto imediato e direto do nosso espírito. O objeto imediato do nosso espírito, mesmo nos sonhos, é muito real. Com efeito, se tal objeto fosse o nada, não haveria qualquer diferença nos nossos sonhos; é que não há

([3]) Também Espinosa, na sua carta a Meyer de 1663, fala dos *auxilia imaginationis* a propósito da infinidade divina. Idem, no *Apêndice* à I parte da *Ética*.

diferença entre nadas. Portanto, ainda mais uma vez: tudo o que o espírito perceciona de modo imediato existe realmente. Ora, eu penso no infinito: perceciono imediata e diretamente o infinito. Portanto, existe. E que se não existisse, ao percecioná-lo, não percecionaria nada, portanto, não percecionaria. É que percecionaria e não percecionaria ao mesmo tempo, o que é uma manifesta contradição.

O Chinês: — Confesso que, se o objeto imediato do vosso espírito fosse o infinito, ao pensardes nele, teria necessariamente de existir. Mas então o objeto imediato do vosso espírito não é senão o vosso próprio espírito. Quero dizer que só percecionais o infinito na medida em que esta porção de matéria organizada e subtilizada, que chamais espírito, vo-lo representa; assim não se segue que o infinito, pelo facto de o pensarmos, exista absolutamente e fora de nós.

O Cristão: — Aparentemente seria possível responder-vos da mesma maneira acerca do *Li* ou da soberana verdade que aceitais como primeiro dos vossos princípios; mas seria apenas responder-vos indiretamente. Portanto, peço-vos que tomeis atenção. A porção de matéria organizada e subtilizada que chamais espírito é realmente finita. Por conseguinte, ao vê-la imediatamente, não se pode ver o infinito.

Decerto, onde só existem duas realidades, não podemos percecionar quatro. É que haveria duas realidades que percecionaríamos e que, apesar de tudo, não existiriam. Ora, o que não existe não se pode percecionar. Nada a perceber e não percecionar é a mesma coisa. É, pois, evidente que, numa porção de matéria finita ou num espírito, não pode encontrar-se realidade bastante para aí se ver o infinito. Prestai atenção a isto. Não é infinita a ideia que unicamente tendes do espaço? A que tendes dos céus é vastíssima: mas não vedes em vós próprio que a ideia de espaço a ultrapassa infinitamente? Não vos diz esta ideia que, seja qual for o movimento que deis ao vosso espírito para a percorrer, jamais a esgotareis, porque efetivamente não tem limites? Mas se o vosso espírito, a vossa própria substância, não encerra suficiente realidade para aí descobrir o infinito em extensão, um tal infinito, um infinito particular, como podeis ver nele o infinito em todo o género de ser, o Ser infinitamente perfeito, numa palavra, o Ser? Podia perguntar-vos: como é que a matéria subtilizada, tanto quanto vos agradar, pode representar o que ela não é? Como é que órgãos particulares e sujeitos à mudança podem ver ou representar verdades e leis eternas, imutáveis e comuns a todos os homens? De facto, as vossas opiniões parecem-me paradoxos insustentáveis.

O Chinês: — O vosso raciocínio parece exato, mas não é sólido, pois é contrário à experiência. Não sabeis que um pequeno quadro pode representar grandes campos, um grande e magnífico palácio? Não é, pois, necessário que o que representa contenha em si toda a realidade que representa.

O Cristão: — Um pequeno quadro pode representar grandes campos: um simples discurso, uma descrição de um palácio também no-lo pode representar. Mas o objeto imediato do espírito, que vê palácios ou campos, não é nem o quadro nem o discurso. Os próprios palácios materiais, que contemplamos, não constituem o objeto imediato do espírito que os vê, mas a ideia dos palácios; o que atinge ou afeta atualmente o espírito é que é o seu objeto imediato. É verdade que um quadro só representa campos porque reflete a luz que, ao entrar nos nossos olhos e excitando o nervo ótico e, através dele, o cérebro — como o fariam os campos — suscita, por conseguinte, as leis naturais da união da alma e do corpo, as ideias que única e verdadeiramente representam os objetos, as únicas que constituem o objeto imediato do espírito. É que deveis saber que não vemos os objetos materiais em si mesmos. Não se veem imediata e diretamente, já que muitas vezes se veem os que não existem. É uma verdade que se pode demonstrar de muitíssimas maneiras.

O Chinês: — Aceito isso. Mas dir-vos-ão que é no *Li* que vemos todas as coisas. Com efeito, ele é a nossa luz. É a soberana verdade, assim como a ordem e a regra. É nele que vejo os céus, e perceciono os espaços infinitos que estão acima dos céus que vejo.

O Cristão: — Como no *Li*? Retomai o princípio. Percecionar o nada e nada percecionar é a mesma coisa. Por conseguinte, não se podem percecionar cem realidades onde só existem dez: é que haveria noventa, que, não existindo, não poderiam ser percebidas. Portanto, não se podem percecionar no *Li* todas as coisas, se não contém eminentemente todos os seres, e se o *Li* não é o Ser infinitamente perfeito, que é o Deus que adoramos. É nele que podemos ver o céu e os espaços infinitos que sabemos perfeitamente não poder esgotar, uma vez que Ele encerra em si a sua realidade. Mas nada de finito pode conter o infinito: é necessário que exista o infinito, só pelo facto de o percecionarmos. Tudo isto se funda no princípio, tão evidente e simples, de que o nada não pode ser diretamente percecionado, e que percecionar o nada e nada percecionar é a mesma coisa.

O Chinês: — Confesso de boa-fé que não tenho nada a replicar à vossa demonstração da existência do Ser infinito. Contudo, não estou convencido. Afigura-se-me sempre que, ao pensar no infinito, não penso em nada.

O Cristão: — Mas como em nada? Quando pensais num Ré de extensão ou de matéria, pensais em alguma coisa. Quando percecionais cem ou mil, de certeza que percecionais cem ou mil vezes mais realidade. Aumentai ainda até ao infinito e sem dificuldade concebereis que quem pensa no infinito está infinitamente longe de pensar em nada, pois aquilo em que pensaríeis é maior do que aquilo em que pensaste. Mas eis o que é. A perceção com que o finito vos atinge é tão frouxa que não tendes em conta alguma o que tão levemente vos toca. Explico-me.

Quando um espinho vos pica, a ideia do espinho produz na vossa alma uma perceção sensível, que se chama dor. Quando olhais a extensão do vosso quarto, a sua ideia produz na vossa alma uma perceção menos viva, que se chama cor. Mas quando olhais para o ar, a perceção que estes espaços, ou antes, a ideia que estes espaços produz em vós, não tem ou quase não tem qualquer vivacidade. Enfim, quando fechais os olhos, a ideia dos espaços imensos que então concebíeis, não vos afeta mais do que uma perceção puramente intelectual. Mas, atenção, será necessário julgar a realidade das ideias pela vivacidade destas perceções que em vós produzem? Se é assim, há que acreditar que há mais realidade na ponta de um espinho que nos pica, num carvão que nos queima, ou nas suas ideias, que em todo o universo, ou na sua ideia. Sem dúvida, é necessário julgar a realidade das ideias por aquilo que vemos estar nelas encerrado. As crianças julgam que o ar não é nada, porque a perceção que dele têm não é sensível. Mas os filósofos sabem perfeitamente que há tanta matéria num cubo de ar como num de chumbo. Ao invés, parece que as ideias nos devem tocar com tanta menos força quanto maiores forem. E se o céu nos parece tão pequeno em comparação com aquilo que é, talvez seja porque a capacidade que temos de o percecionar é demasiado pequena para se ter uma perceção viva e sensível de toda a sua grandeza. É verdade que quanto mais vivas são as nossas perceções tanto mais elas dispersam o nosso espírito, e mais preenchem a capacidade que temos de percecionar ou de pensar: capacidade que certamente tem limites muito reduzidos. A ideia do infinito em extensão encerra, portanto, mais realidade que a dos céus; a ideia do infinito em todos os géneros de seres, a que corresponde à palavra *Ser*, o Ser infinitamente perfeito contém ainda infinitamente mais, apesar de a perceção com que esta ideia nos atinge ser a mais ténue de todas, tanto mais ténue quanto mais ampla e, por conseguinte, infinitamente ténue, já que é infinita.

Para compreender melhor tudo isto, a realidade e a eficácia das ideias, seria bom que refletísseis bastante sobre duas verdades. A primeira, que não vemos os objetos em si mesmos, e não sentimos sequer o nosso próprio corpo em si mesmo, mas sim pela sua ideia. A segunda, que uma ideia pode atingir-nos com perceções completamente diferentes.

A prova de que não vemos os objetos em si mesmos é evidente: é que muitas vezes os vemos sem existirem no exterior, como ao dormirmos, ou quando o cérebro está demasiado aquecido por qualquer doença. O que então se vê não é certamente o objeto, dado que o objeto não existe e o nada não se vê: pois ver o nada e não ver é a mesma coisa. Por conseguinte, é pela ação das ideias sobre o nosso espírito que vemos os objetos. É também pela ação das ideias que sentimos o nosso próprio corpo. Com efeito, há muitíssimas experiências de pessoas às quais se cortou o braço e ainda muito tempo depois sentem a mão a doer-lhes. A mão que então lhes toca e as afeta com uma sensação dolorosa não é certamente a que se lhes cortou. Logo, só pode ser a ideia da mão, como consequência das comoções do cérebro, semelhantes às que temos quando nos ferem a mão. Uma vez que a matéria de que o corpo se compõe não pode agir sobre o nosso espírito, não fica senão aquele que lhe é superior e a criou, que o impele pela ideia do corpo, isto é, pela sua própria essência, enquanto é representativa da extensão: é o que a seu tempo vos explicarei.

Também é verdade que uma mesma ideia pode atingir a nossa alma através de perceções totalmente diferentes. Com efeito, se a vossa mão estivesse em água muito quente, e ao mesmo tempo tivesse gota, por mais que para ela olhásseis, a ideia da mesma mão iria atingir-vos através de três sensações diferentes: dor, calor, cor. Deste modo não se deve julgar que a ideia que temos, quando pensamos na extensão com os olhos fechados, seja diferente da que temos quando os abrimos no meio do campo: é apenas a mesma ideia de extensão que nos atinge através de diferentes perceções. Quando os vossos olhos estão fechados, só tendes uma perceção muito frouxa ou de pura inteleção, e sempre a mesma das diversas partes ideais da extensão. Mas, quando abertos, tereis diferentes perceções sensíveis, que são as diferentes cores, as quais nos levam a julgar da existência e da variedade dos corpos, porque não sendo sensível a ação de Deus em vós, atribuís aos objetos que não percecionais em si mesmos toda a realidade que as suas ideias vos apresentam. Ora, tudo isto é consequência das leis gerais da união da alma e do corpo. Mas torna-se necessária uma longa digressão para vos explicar tudo isto em pormenor.

Voltemos ao nosso tema: o que acabo de dizer pode esclarecer-nos tanto mais quanto mais nisso refletirdes. Ainda julgais que pensar no infinito é não pensar em nada, é não percecionar nada?

O Chinês: — Estou perfeitamente convencido de que ao pensar no infinito estou muito longe de pensar em nada. Mas então não penso em tal ser, num ser particular e determinado. Ora, o Deus que adorais não é um tal ser, um ser particular?

O Cristão: — O Deus que adoramos não é um tal ser no sentido de a sua essência ser limitada; pelo contrário, ele é todo o ser. Mas é esse ser no sentido de que é o único Ser que encerra na simplicidade da sua essência quanto há de realidade ou de perfeição em todos os seres, que não são mais do que participações (não digo partes) infinitamente limitadas, imitações infinitamente imperfeitas da sua essência. Com efeito, é uma propriedade do Ser infinito ser uno, e, num sentido, todas as coisas; isto é, perfeitamente simples, sem qualquer composição de partes, de realidades, de perfeições, e imitável ou imperfeitamente participável de infinitas maneiras por diferentes seres.

Nem todo o espírito finito poderá compreender isto claramente; mas é o que um espírito, mesmo finito, pode claramente deduzir da ideia de Ser infinitamente perfeito. Vós mesmo acreditais que o vosso *Li*, a vossa soberana sabedoria, regra e verdade, é composta de várias realidades diferentes, de todas as ideias diferentes que ela vos descobre: é que ouvi dizer que a maior parte dos vossos doutores acredita que é no *Li* que vedes tudo quanto vedes.

O Chinês: — Encontramos no *Li* muitas coisas que não podemos compreender, entre outras a união da simplicidade com a multiplicidade. Mas estamos certos de que há uma sabedoria e uma regra soberana que nos ilumina e que tudo regula. Aparentemente estabeleceis no vosso Deus esta sabedoria, e nós acreditamos que ela subsiste na matéria. Sem dúvida, a matéria existe, mas até agora ainda não nos convencemos da existência do vosso Deus. É verdade que a prova que acabais de dar-me da sua existência é muito simples, e a tal ponto que não sei agora o que replicar. Mas é tão abstrata que não me convence totalmente. Não tereis outra mais sensível?

O Cristão: — Proporcionar-vos-ei tudo o que vos aprouver. Com efeito, nada há de visível no mundo que Deus criou de que não possamos elevar-nos até ao conhecimento do Criador; basta raciocinar com exatidão. E de certeza que vos convencerei da sua existência, se cuidadosamente observardes esta condição: seguir-me e não me replicar que o não concebeis distintamente.

Quando abris os olhos no meio de um campo, no mesmo instante em que os abris descobris inúmeros objetos, cada qual segundo a sua grandeza, figura, movimento ou repouso, a sua aproximação ou distância, descobris todos estes objetos mediante perceções de cores todas diferentes. Procuremos a causa destas perceções tão rápidas que temos de tantos objetos. Esta causa só pode ser ou os próprios objetos e os órgãos do nosso corpo que deles recebem a impressão, ou a nossa alma, se a distinguis agora destes órgãos, ou o *Li*, ou o Deus que adoramos, e que cremos que age incessantemente em nós por ocasião das impressões dos objetos sobre o nosso corpo ([4]).

1.º Julgo que estais de acordo que os objetos não fazem mais do que refletir a luz para os nossos olhos;
2.º Como suponho que sabeis de que modo são feitos os olhos, penso que também estais de acordo quanto ao facto de eles não fazerem mais do que juntar os raios que de cada ponto

---

([4]) Malebranche expressa aqui o seu *ocasionalismo* relativamente a um problema percetivo. Por um lado, pressupõe a nítida separação ocasionalística de alma e corpo, pois as criaturas não podem agir umas sobre as outras. Por outro, a alma não é capaz de por si produzir ideias, nem as tem de modo inato; como também não pode sofrer o influxo do corpo. Deus é que age quando uma substância aparentemente influi na outra, provocando os efeitos por nós sentidos. Deus é que produz na alma uma determinada sensação, quando o corpo é modificado de certo modo.

dos objetos são refletidos, noutros tantos pontos do nervo ótico, onde se encontra o centro dos humores transparentes dos olhos. Ora, é evidente que esta reunião dos raios não faz mais do que agitar as fibras deste nervo e, através dele, as partes do cérebro onde os nervos terminam, e também os espíritos animais a que estes corpúsculos vão dar, que podem estar entre estas fibras. Ora, até aqui, não há sensação, nem qualquer perceção dos objetos.

O Chinês: — É o que os nossos doutores vos negarão. Efetivamente, o que chamamos espírito ou alma é, segundo eles, apenas matéria organizada e subtilizada. As agitações das fibras do cérebro, associadas aos movimentos destes corpúsculos ou destes espíritos animais, são a mesma coisa que as nossas perceções, os nossos juízos, os nossos raciocínios; numa palavra: a mesma coisa que os nossos diversos pensamentos.

O Cristão: — Aqui está como sem mais fui interrompido; já faltastes à condição estabelecida. Replicais-me com o que não concebeis claramente; é que concebo claramente tudo ao contrário. Concebo claramente pela ideia de extensão ou de matéria que ela é capaz de figuras e de movimentos, de relações de distância, permanentes ou sucessivas, e nada mais; só refiro o que concebo claramente. Até sou de parecer que há menos relação entre o movimento dos corpúsculos, a agitação das fibras do nosso cérebro e os nossos pensamentos do que entre o quadrado e o círculo, que ninguém confunde um com o outro. É que o quadrado e o círculo são conformes, pelo menos em virtude, de que tanto um como outro são modificações de uma mesma substância. Mas as diversas agitações do cérebro e dos espíritos animais, que são modificações da matéria, em nada se conformam com os pensamentos do espírito, que são certamente modificações de outra substância.

Chamo substância ao que unicamente podemos percecionar sem pensar noutra coisa, e modificação da substância ou modo de ser àquilo que não podemos percecionar só por si. Assim, digo que a matéria ou a extensão criada é uma substância, porque posso pensar na extensão sem pensar noutra coisa; e digo que as figuras, como, por exemplo, a redondez, não são mais que modificações da substância. Com efeito, não podemos pensar na redondez sem pensar na extensão, porque a redondez não é mais do que a extensão dessa maneira. Ora, como podemos ter alegria, tristeza, prazer e dor sem pensar na extensão; como podemos percecionar, julgar, raciocinar, temer, esperar, odiar, amar, sem pensar na extensão, quero dizer, sem percecionar a extensão, não nos objetos das nossas perceções, objetos que podem ter extensão, mas nas próprias perceções destes objetos.

É claro que as nossas perceções não são modificações do nosso cérebro, que não é mais do que extensão diversamente configurada, mas unicamente do nosso espírito, única substância capaz de pensar. Apesar de tudo, é verdade que pensamos quase sempre em consequência do que se passa no cérebro; donde se pode concluir que o espírito lhe está unido, mas nunca que o espírito e o cérebro são uma única e mesma substância. Concebeis claramente de boa-fé que as diversas disposições e movimentos dos corpos, pequenos e grandes, são diversos pensamentos ou diversos sentimentos? Se tal concebeis claramente, dizei-me em que disposição de fibras do cérebro consiste a alegria ou a tristeza, ou qualquer outro sentimento à escolha!

O Chinês: — Confesso que não concebo isto claramente. Mas é assim que tem de ser, e que as nossas perceções não sejam mais do que modificações da matéria. Por exemplo: quando um espinho nos pica o dedo, sentimos a dor, sentimo-la no dedo picado, sinal claro de que a dor não é mais do que a picadela e que a dor só está no dedo.

O Cristão: — Não estou de acordo. Como o espinho é pontiagudo, estou de acordo que faz o orifício no dedo; concebo isto claramente, pois uma extensão é impenetrável por qualquer outra extensão. Há contradição em que dois sejam um; não é possível que dois pés cúbicos de extensão sejam apenas um. O espinho que pica o dedo faz nele, necessariamente, um orifício. Mas não estou de acordo que o orifício do dedo seja a mesma coisa que a dor que sofremos e que esta dor esteja no dedo picado, ou uma modificação do dedo. Deve pensar-se que duas coisas são diferentes quando delas temos ideias diferentes, quando se pode apenas pensar numa sem pensar na outra. Um orifício num dedo não é, pois, a mesma coisa que a dor. E a dor não está no dedo, nem é uma modificação do dedo. Pois a experiência ensina que o dedo dói àqueles a quem se amputou o braço, e que já não têm dedo. Por conseguinte, como já vos disse, só pode existir a ideia do dedo que modifica com uma sensação de dor a nossa alma, isto é, esta substância do homem capaz de sentir. Ora, tal acontece como consequência das leis gerais da união da alma e do corpo que o Criador estabeleceu, a fim de que retirássemos a mão e conservássemos o corpo que nos deu. Não explico mais, pois a condição que supus é que só deveis replicar-me com o que conceberdes claramente. Peço que vos lembreis disto.

O Chinês: — Pois bem. Quanto à matéria ser ou não capaz de pensar, responder-se-á que aquilo que em nós é capaz de pensar, a nossa alma, será a verdadeira causa ([5]) de todas as perceções diferentes que temos dos objetos, quando abrimos os olhos no meio do campo. Dir-vos-ão que do conhecimento que

([5]) Leibniz, a quem o *Diálogo* fora enviado a 16 de abril de 1712, mas só o lera em novembro de 1715, parece ter-se sentido aqui visado. Escreveu à margem do seu exemplar: «Parece que o que se segue é contra o meu sistema da harmonia pré-estabelecida» (Cf. A. Robinet, *Malebranche et Leibniz, Relations Personnelles*, Paris 1955, pp. 483-9).

a alma tem das diversas projeções ou imagens que os objetos desenham no nervo ótico ela forma esta variedade de perceções e sentimentos. Isto parece-me bastante verosímil.

O Cristão: — Isso pode parecer verosímil, mas não é verdadeiro. Pois:

1.º Não é verdade que a alma conheça que estas ou aquelas projeções se formem no nervo ótico, nem sequer sabe como é feito o olho, e se é revestido pelo nervo ótico;

2.º Partindo do pressuposto de que ela conhece tudo isto, como nem sabe ótica nem geometria, não poderia do conhecimento das projeções dos objetos nos seus olhos inferir nem a sua figura, nem a sua grandeza; a sua figura, porque a projeção, por exemplo, de um círculo, nunca é um círculo, exceto num único caso; a sua grandeza, porque não é proporcional à destas projeções, quando eles não se encontram a uma igual distância;

3.º Partindo do pressuposto de que ela sabia ótica e geometria perfeitamente, não poderia, no mesmo instante em que abre os olhos, ter deduzido um número infinito de consequências, todas elas necessárias para situar todos estes objetos à sua distância e lhes atribuir as figuras, sem contar a surpreendente variedade de cores com que os vemos cobertos; tudo isto tanto hoje como ontem, sem erro ou com os mesmos erros, e em consonância com inúmeras outras pessoas;

4.º Temos um sentimento inferior de que todas as perceções dos objetos existem em nós sem nós, e apesar de nós, quando os olhos se abrem e os contemplamos. Sei, por exemplo, que quando o Sol toca o horizonte, não é maior do que quando no meridiano e até que a projeção que dele se desenha no meu nervo ótico é algo mais pequena. Todavia, apesar dos meus conhecimentos, vejo-o maior. Creio que é, pelo menos, um milhão de vezes maior que a Terra e vejo-o incomparavelmente mais pequeno. Se ando de Ocidente para Oriente olhando para a Lua, vejo que avança para o mesmo lado que eu; contudo, sei que vai pôr-se a Ocidente. Sei que a altura da imagem, que se desenha no meu olho, de um homem que está a dez passos de mim, diminui metade quando se aproxima cinco. Apesar de tudo, vejo-o com o mesmo tamanho: e tudo isto independentemente do conhecimento das razões com que se regulam as perceções que temos destes objetos. Com efeito, muitas pessoas que percecionam os objetos melhor do que aqueles que sabem ótica desconhecem estas razões. Por conseguinte, é evidente que não é a alma que atribui a si a variedade de perceções que tem dos objetos, quando abre os olhos no meio de um campo.

O Chinês: — Confesso que tem, necessariamente, de ser o *Li*.

O Cristão: — Sem dúvida, se por *Li* entendeis um Ser infinitamente poderoso, inteligente, agindo sempre uniformemente, numa palavra: o Ser infinitamente perfeito. Notei sobretudo duas coisas. A primeira, que é necessário que a causa de todas as perceções que temos dos objetos deva conhecer perfeitamente a Geometria e a ótica, como os olhos e os membros do corpo de todos os homens são compostos e as diversas mudanças que aí se operam a cada instante, pelo menos aquelas pelas quais é necessário regular as nossas perceções. Segundo, que esta causa raciocine tão exata e rapidamente que se veja bem que é infinitamente inteligente, qualidade que recusais ao *Li*, e descubra por simples visão as consequências mais remotas dos princípios, segundo as quais age incessante e instantaneamente em todos os homens.

Para vos fazer conceber mais distintamente o que penso sobre isto, digo que, partindo do pressuposto de que sou eu que atribuo a mim a perceção da distância de um objeto, apenas a três ou quatro pés de mim, é necessário que saiba geometria, como os meus olhos são compostos e as mudanças por que passam, e que assim raciocine. Pelo conhecimento que tenho dos meus olhos sei a distância entre eles. Conheço, também, pela sua posição, os dois ângulos que os seus eixos, que convergem para o mesmo ponto do objeto, formam com a distância dos meus olhos. Eis, portanto, três coisas conhecidas num triângulo: a sua base e os dois ângulos. Por conseguinte, a perpendicular tirada do ponto do objeto sobre o meio da distância que existe entre os meus olhos, a qual marca o afastamento do objeto que me é diretamente oposto, pode conhecer-se através dos conhecimentos que tenho da geometria. Com efeito, esta ciência ensina-me que um triângulo se determina quando se tem um lado e dois ângulos e que daí se pode deduzir o que procuro. Mas, se fechar um olho, como só conheço estas duas coisas, a distância dos olhos e um ângulo, o triângulo ficaria por determinar e, consequentemente, já não poderia, por este meio, percecionar a distância do objeto. Poderia conhecê-la por outro, mas menos exatamente do que por este. Pelo suposto conhecimento que tenho do que se passa nos meus olhos, conheço a grandeza da imagem que se desenha no fundo do meu olho. Ora, a ótica ensina-me que quanto mais afastados estiverem os objetos tanto mais as suas imagens ou as suas projeções são pequenas. Portanto, pelo tamanho das imagens devo calcular que o objeto, cujo tamanho normal, aliás, conheço mais ou menos, está também mais ou menos a essa distância. Mas, não sendo este processo tão exato, devo servir-me dos meus olhos para calcular mais exatamente a distância do objeto. Assim como quando um homem se aproxima de mim, calculo pelos processos anteriores ou outros semelhantes que a distância entre mim e ele diminuiu, assim também pelo conhecimento que tenho do que se passa nos meus olhos sei que a projeção que dele se desenha no fundo dos olhos aumenta proporcionalmente à sua aproximação. E como a ótica me ensina que as alturas das imagens dos objetos são na razão recíproca das suas distâncias, julgo com razão que devo atribuir a este homem uma perceção de tamanho sempre igual, ainda que a sua imagem diminua no meu nervo ótico. Quando vejo um objeto e que a projeção que dele se desenha no fundo do meu olho muda aí continuamente de lugar, devo aperceber-me de que este objeto está em movimento. Mas se caminho ao mesmo tempo que olho para ele, como também conheço a quantidade de movimento que a mim atribuo, embora a imagem deste objeto mude de lugar no fundo dos olhos, devo vê-lo parado; exceto se o movimento que sei estar a imprimir ao meu andamento não for proporcional à mudança de lugar que, segundo sei, ocupa no meu nervo ótico a imagem deste objeto.

É evidente que, se não conhecesse exatamente o tamanho das projeções que se desenham no nervo ótico, a situação e o movimento do meu corpo e, por assim dizer, divinamente a ótica e a geometria, quando dependesse de mim formar as perceções dos objetos, nunca poderia percecionar a distância, a figura, a situação e o movimento de qualquer corpo. Logo, é necessário que a causa de todas as perceções que tenho quando abro os olhos no meio de um campo saiba exatamente tudo isso, pois todas as perceções só assim são reguladas. Deste modo, a regra invariável das nossas perceções é uma geometria ou ótica perfeita; e a sua causa ocasional ou natural é o que unicamente ocorre nos nossos olhos, na situação e movimento do nosso corpo. Por exemplo, se for transportado por um movimento tão uniforme, como por vezes num barco, que não sinta este movimento, a margem parecer-me-á que se move. Da mesma maneira, se olhar para um objeto através de um vidro convexo ou côncavo, que aumenta ou diminua a imagem que dele se desenha no olho, vê-lo-ei sempre maior ou mais pequeno do que é. Aliás, ainda que conheça o tamanho deste objeto, nunca terei uma perceção sensível a não ser proporcional à imagem que dele se forma nos meus olhos. Com efeito, o Deus que adoramos, o Criador das nossas almas e dos nossos corpos, para unir as duas substâncias de que o homem é composto, fez uma lei geral pela qual nos dá em cada momento todas as perceções dos objetos sensíveis que a nós próprios devíamos atribuir como se conhecêssemos perfeitamente a geometria e a ótica, e o que se passa nos olhos e no resto do corpo, poderíamos, além disso, unicamente como consequência deste conhecimento, agir em nós mesmos e produzir todas as sensações relativamente a tais objetos. Efetivamente Deus, tendo-nos feito para nos ocuparmos d'Ele e dos nossos deveres para com Ele, quis ensinar-nos sem aplicação da nossa parte, pela via curta e segura das sensações, tudo quanto nos é necessário para a conservação da vida; não só a presença e a situação dos objetos que nos rodeiam, mas também as diversas qualidades, tanto úteis como prejudiciais.

Prestai agora uma séria atenção à multidão das sensações que temos dos objetos sensíveis, não só pela vista, mas pelos outros sentidos; sobre a rapidez com que se produzem em nós, sobre a exatidão com que nos advertem; sobre os diversos graus de intensidade ou de vivacidade destas sensações, proporcionais às necessidades, não só em nós e em mim, como em todos os homens, e isto a cada momento. Considerai finalmente as regras invariáveis e as leis gerais de todas as perceções e admirai profundamente a inteligência e o poder infinito do Deus que adoramos, a uniformidade da sua conduta, a sua bondade para com os homens, a aplicação às suas necessidades relativamente à vida presente. Mas a sua bondade paternal, que a nossa religião nos ensina que Ele tem pelos seus filhos, está acima desta! Um artesão ama decerto infinitamente mais o seu filho do que a sua obra.

O Chinês: — Parece-me que a vossa doutrina se parece muito à da nossa seita e que o *Li* e o Deus que honrais têm entre si bastantes afinidades. O povo deste país é idólatra: invoca a pedra e a madeira ou certos deuses particulares que imaginou capazes de o socorrer. Creio também que o *Senhor do Céu*, que chamais vosso Deus, era da mesma espécie, mais excelente e mais poderoso do que o do povo; mas sempre um Deus imaginário. Vejo perfeitamente que a vossa religião merece que se examine com seriedade.

O Cristão: — Comparai, pois, sem preconceitos a vossa doutrina com a nossa. Estais tanto mais obrigado a isso quanto a vossa felicidade eterna depende de tal exame. A religião que seguimos não é uma produção do nosso espírito. Foi-nos ensinada pela soberana verdade que chamais o *Li* e confirmou-a através de inúmeros milagres, que tomaríeis como fábulas, prevenidos como estais da sublimidade dos vossos conhecimentos. Procuro dissuadir-vos com raciocínios humanos. Mas não penseis que a nossa fé depende deles. Ela apoia-se na autoridade divina e é proporcionada à capacidade de todos os homens.

Dizeis que o *Li* é a soberana verdade. Também eu o digo: mas eis como o entendo. Deus, o Ser infinitamente perfeito, contendo em si tudo quanto há de realidade ou de perfeição, como já vo-lo provei e expliquei, pode, ao tocar-me com as suas realidades eficazes, porque a Deus nada é impossível, isto é, ao tocar-me com a sua essência, enquanto participável por todos os seres, descobrir-me ou representar-me todos eles. Digo: ao tocar-me, porque apesar de o meu espírito ser capaz de pensar e de percecionar, só pode percecionar aquilo que o toca ou o modifica. E tal é a sua grandeza que só o seu Criador é que nele pode agir imediatamente. E no verdadeiro *Li* que está a vida das inteligências, a luz que as ilumina. Mas é isto o que os homens carnais e rudes não compreendem. Eis porque o verdadeiro *Li* é a soberana verdade: é que encerra na sua essência, enquanto imperfeitamente imitável numa infinidade de maneiras, as ideias ou os arquétipos de todos os seres e nos descobre estas ideias. Tirai as ideias e tirareis as verdades, pois é evidente que as verdades não são mais do que relações que existem entre as ideias. Deus é ainda a soberana verdade no sentido de que não nos pode enganar, faltar às suas promessas, etc. Mas não é necessário determo-nos nestes diversos sentidos segundo os quais se pode dizer que Deus é a soberana verdade.

Dizei-me agora: como entendeis que o *Li* é a verdade? Mas prestai atenção, que esta palavra *verdade* não significa mais do que relação. Pois 2 e 2 são 4 só é verdade porque há aqui uma relação de igualdade entre 2 e 2 e 4. Assim, como 2 e 2 não são 5 só é verdade porque há uma relação de desigualdade entre 2 e 2 e 5. Que entendeis, pois, por soberana verdade ou soberana relação? Que género de ser é essa realidade que encontrais numa relação, ou uma soberana relação? Se um corpo é o dobro de outro, concebo que tem mais realidade. Mas tirai a realidade aos corpos e tirar-lhes-eis a sua relação. A relação que existe entre os corpos, no fundo, não é, pois, mais do que os próprios corpos. Assim o *Li* só pode ser a soberana verdade porque, sendo infinitamente perfeito, encerra na simplicidade da sua essência, as ideias de todas as coisas que criou e pode criar.

Dizeis que o *Li* não pode subsistir senão na matéria. Será que pretendeis que Ele só consiste nas diversas figuras que têm os corpos que compõem o Universo, e que o *Li* não é mais do que a ordem e a coordenação entre eles? Como o *Li* seria pouca coisa se consistisse apenas nisto! E como a própria matéria, a última e mais desprezível das substâncias, estaria acima deste *Li*, de que apesar de tudo dizeis maravilhas! Seguramente que a substância vale mais do que as suas diversas coordenações, e o que não perece, mais do que aquilo que é perecível.

O Chinês: — Por *Li* não entendemos simplesmente o arranjo da matéria, mas também a soberana sabedoria que dispõe numa admirável ordem as partes da matéria.

O Cristão: — Nisto a vossa doutrina é parecida com a nossa. Mas porque defendeis que o *Li* não subsiste em si mesmo, mas só pode subsistir na matéria, que não é inteligente, que não sabe o que é nem o que faz? Isto leva-nos a pensar que acreditais que o *Li* não é mais do que a figura e o ordenamento dos corpos, porque a figura e a coordenação dos corpos só podem subsistir nos próprios corpos privados de inteligência. Por exemplo, a redondez de um corpo certamente não é mais que o próprio corpo de tal maneira, e ela não sabe o que é. Quando vedes uma obra bela dizeis que nela está o *Li*. Se com isto quereis dizer que quem a compôs foi iluminado pelo *Li*, pela soberana sabedoria, pensareis como nós. Se quereis dizer que a ideia que o artífice tem da sua obra está no *Li*, e que foi esta a ideia que iluminou o artífice, estaremos de acordo. Mas ainda que a obra se parta, a ideia que ilumina o artífice subsiste sempre. O *Li* não subsiste, pois, na coordenação das partes de que a obra é composta, nem, pela mesma razão, no arranjo das partes do cérebro do artífice. O *Li* é uma luz comum a todos os homens e todos os ordenamentos da matéria mais não são do que modificações particulares. Tais arranjos podem perecer e mudar, mas o *Li* é eterno e imutável. Portanto, subsiste em si mesmo, não só independentemente da matéria, mas independentemente das inteligências mais sublimes, que d'Ele recebem a excelência da sua natureza e a sublimidade dos seus conhecimentos. Por conseguinte porque rebaixais o *Li*, a soberana sabedoria, ao ponto de afirmar que não pode subsistir sem a matéria? Mas, mais uma vez, que estranhos paradoxos, se é verdade que os defendeis! O vosso *Li* não é inteligente. Ele é a soberana sabedoria e não sabe nem o que é nem o que faz. Ilumina todos os homens, dá-lhes a sabedoria e a inteligência, e Ele próprio não é sábio. Não há dúvida de que coordena as partes da matéria para certos fins; coloca no homem os olhos no alto da cabeça para ver mais longe, mas sem saber e até sem querer. É que só age por uma impetuosidade cega da natureza benfazeja ([6]). Aí está o que ouvi dizer que pensais do vosso *Li*. Será fazer justiça àquele de quem recebeis tudo quanto sois?

O Chinês: — Dizemos que o *Li* é a soberana sabedoria e a soberana justiça; mas, por respeito a Ele,

---

([6]) Pode relacionar-se a expressão *impetuosidade cega* com a proposição XVI do 1.º Livro da *Ética: Ex necessitate naturae divinae infinitis modis (hoc est omnia, quae sub intellectum cadere possunt) sequi debent.*

não nos atreveremos a dizer que é sábio nem que é justo. A sabedoria e a justiça é que tornam sábio e justo; por conseguinte, a sabedoria vale mais do que o sábio, a justiça, mais do que o justo. Logo, como podeis afirmar do vosso Deus, do Ser infinitamente perfeito, que é sábio? É que a sabedoria que o tornaria sábio seria mais perfeita que Ele, porque dela receberia a perfeição.

O Cristão: — O Ser infinitamente perfeito é sábio. Mas Ele é para si mesmo a sua sabedoria; é a própria sabedoria. Não é sábio por uma sabedoria alheia e quim rica: é para si mesmo a sua luz e a luz que ilumina todas as inteligências. É justo e a justiça essencial e original. É bom e a própria bondade. É tudo o que existe necessária e independentemente de qualquer outro ser, e todos os seres d'Ele adquirem tudo quanto têm de realidade e perfeição. Com efeito, o Ser infinitamente perfeito basta-se a si mesmo, e tudo o que fez tem continuamente necessidade dele.

O Chinês: — O quê? A soberana sabedoria seria ela própria sábia? Parece-me que isto se contradiz; as formas e as qualidades são diferentes dos sujeitos. Uma sabedoria sábia! Como é isso? É a sabedoria que torna sábio, mas ela própria não é sábia.

O Cristão: — Vejo perfeitamente que imaginais que há formas e qualidades abstratas, mas que não são mais do que formas e qualidades de algum sujeito: que há uma sabedoria, uma justiça, uma bondade abstrata e que não é a sabedoria de Ser algum. As vossas abstrações enganam-vos. O quê? Pensais que há uma figura abstrata, uma redondez, por exemplo, que torna redonda uma bola e sem a qual um corpo cujos pontos estariam todos igualmente afastados do centro não seria redondo? Quando presto justiça ao *Li* dizendo d'Ele que é independente da matéria, sábio, justo, todo-poderoso, numa palavra, infinitamente perfeito e que O adoro nesta qualidade, pensais que com isto não sou justo, independentemente da vossa justiça abstrata e imaginária, se deste modo presto ao *Li* a honra que lhe é devida? Mais uma vez as vossas abstrações vos enganam. Mas é necessário explicar-vos como concebo que Deus é para si a sua sabedoria, e em que sentido é também a nossa.

O Deus que adoramos é o Ser infinitamente perfeito, como já vos expliquei, e cuja existência vos demonstrei. Ora, conhecer-se a si mesmo é uma perfeição. Logo, o Ser infinitamente perfeito conhece-se perfeitamente. E, por consequência, conhece também todas as maneiras com que a sua essência infinita pode imperfeitamente ser participada, ou imitada, por todos os seres particulares e finitos, quer criados quer possíveis; isto é, vê na sua essência as ideias ou os arquétipos de todos os seres. Ora, o Ser infinitamente perfeito é também todo-poderoso, já que a omnipotência é uma perfeição. Assim, Deus vê na sua essência infinita a essência de todos os seres finitos, a saber, a ideia ou arquétipo de todos os seres. Vê também a sua essência e todas as maneiras de existir pelo conhecimento que tem das suas próprias vontades, dado que são as suas vontades que lhe dão o Ser. Deste modo o Ser infinitamente perfeito é a sabedoria para si próprio; só de si mesmo extrai os seus conhecimentos. E se conhece a matéria que ordena, com toda a arte, em relação aos fins que se propõe, como parece evidente na criação dos animais e das plantas, só a conhece porque a criou. Se ela fosse eterna, não teria Ele formado tantas obras admiráveis, pois nem sequer as teria conhecido. O Ser infinitamente perfeito só de si mesmo pode tirar os seus conhecimentos. Portanto, vedes como Deus é sábio e como é para si próprio a sua sabedoria.

Deus é também a nossa sabedoria e o autor dos nossos conhecimentos, porque só Ele age imediatamente nos nossos espíritos, descobrindo-lhes as ideias, que encerra, dos seres que criou e pode criar. Isto é: porque toca o nosso espírito mediante a sua substância sempre eficaz, não segundo tudo o que ela é, mas apenas enquanto é representativa do que vemos. Para vos tornar percetível o que quero dizer, imaginai que o plano desta parede é visível imediatamente e por si mesmo, capaz de agir sobre o vosso espírito e de a ele se mostrar. Já demonstrei que isto não é verdade, pois há uma diferença infinita entre o corpo que se vê imediata e diretamente, quero dizer, entre as ideias dos corpos, ou os corpos inteligíveis, e entre os corpos materiais, os que vemos ao voltarmos e fixarmos neles os olhos. Suponhamos, digo eu, que o plano desta parede é capaz de agir sobre o vosso espírito e de a ele se mostrar; é claro que poderia fazer-vos ver todas as espécies de linhas curvas e retas, bem como todas as espécies de figuras, sem que vísseis o plano. Com efeito, se o plano vos tocasse apenas enquanto esta ou aquela linha, e o resto deste plano não vos tocasse e se tornasse perfeitamente transparente, veríeis a linha sem ver o plano, embora só vísseis a linha no plano, e pela ação do plano sobre o vosso espírito. Com efeito, o plano encerra a realidade de todas as espécies de linhas, sem o que não vo-las poderia apresentar em si mesmo. Assim, Deus, o Ser infinitamente perfeito, contendo eminentemente em si mesmo tudo quanto há de realidade ou de perfeição em todos os seres, pode representar-no-las, tocando-nos pela sua essência, não tomada em sentido absoluto, mas enquanto relativa a estes seres, uma vez que a sua essência infinita encerra quanto há de realidade verdadeira em todos os seres. Deste modo, só Deus age imediatamente nas nossas almas, só Ele é a nossa vida, a nossa luz, a nossa sabedoria. Mas agora só nos descobre n'Ele as ciências humanas e quanto nos é necessário relativamente à sociedade e à conservação da vida presente, ora em consequência da nossa atenção, ora em virtude das leis da união da alma e do corpo. Reservou-se o direito de nos instruir sobre quanto se relaciona com a vida futura através do seu Verbo, que se fez homem e nos ensinou a Religião que professamos. Vedes, pois, que não rebaixamos a soberana sabedoria, o verdadeiro *Li*, ao afirmarmos que é sábio, dado que é para si próprio a sabedoria e a luz, e a única luz dos nossos espíritos. Mas se o *Li* não se conhece a si próprio e não sabe o que faz, se não tem vontade nem liberdade, se tudo faz no mundo por uma impetuosidade cega e necessária, por mais excelentes que fossem as suas obras, não vejo que na dependência em que ainda o colocais relativamente à matéria mereça os elogios que lhe dais.

O Chinês: — Vejo perfeitamente que não há contradição em que Deus seja sábio e também a própria sabedoria, da maneira como explicastes. Mas ainda concebemos o nosso *Li* como ordem imutável, a Lei eterna, a regra e a própria justiça. Como pôr então o *Li* de acordo com o vosso Deus? Como seria Ele justo e ao mesmo tempo a justiça e a regra? Os nossos doutores nem sequer sabem se o vosso Deus existe; mas toda a gente sabe perfeitamente que há uma Lei eterna, uma regra imutável, uma justiça soberana muito acima do vosso Deus, se é justo, já que não pode sê-lo a não ser por ela. O nosso *Li* é uma lei soberana à qual até o vosso Deus está obrigado a submeter-se.

O Cristão: — As vossas abstrações ainda vos seduzem. Que género de ser é essa Lei e essa regra? Como subsiste na matéria? Qual é o seu Legislador? Dizeis que é eterna. Portanto, concebeis que o Legislador é eterno. Acrescentais que é necessária e imutável; afirmais ainda que o Legislador é necessário e que não é livre de constituir, nem de seguir ou não esta lei. Concebeis que esta lei só é imutável e eterna porque está por assim dizer escrita em carateres eternos na ordem imutável dos atributos e das perfeições do Legislador, do ser eterno e necessário, do Ser infinitamente perfeito. Mas não digais que subsiste na matéria. Explico-me:

O Ser infinitamente perfeito conhece-se perfeitamente e ama-se inevitavelmente a si mesmo, por necessidade da sua natureza. Não podeis conceber de outra maneira o Ser infinitamente perfeito. É que a sua vontade não é como em nós uma impressão que vem de outra fonte. Não pode ser senão o amor natural que Ele tem a si próprio e às suas perfeições divinas. Daqui se segue que estima e ama necessariamente mais os Seres que melhor participam nas suas perfeições. Portanto, estima e ama mais o homem, por exemplo, do que o cavalo, o homem virtuoso e que se lhe parece do que o homem viciado que desfigura a imagem da divindade que traz consigo, pois sabemos que Deus criou o homem à sua imagem e semelhança. A ordem eterna, imutável e necessária que existe entre as perfeições que Deus contém na sua essência, de que desigualmente participam os seres, é, pois, a Lei eterna necessária e imutável. O próprio Deus se obrigou a segui-la; mas permanece independente, uma vez que só é obrigado a segui-la porque não pode nem errar nem mentir, envergonhar-se de ser aquilo que é, deixar de se estimar e amar, deixar de estimar e amar todas as coisas na proporção em que participam na sua essência.

Nada o obriga a seguir esta Lei a não ser a excelência imutável e infinita do seu ser, excelência que conhece perfeitamente e ama de modo invencível. Por conseguinte, Deus é justo essencialmente e a própria justiça, a regra invariável de todos os espíritos que se corrompem se deixam de se conformar com esta regra, isto é, se deixam de estimar e amar todas as coisas na proporção em que são estimáveis e amáveis, na proporção em que mais participam das perfeições divinas.

Como é no Ser infinitamente perfeito ou, para falar como Vós, no *Li*, que vemos todas as verdades, ou todas as relações que existem entre as ideias eternas e imutáveis que Ele contém, é claro que vemos aí as relações de perfeição, como também as simples relações de grandeza, as relações que regulam os juízos do espírito, e, ao mesmo tempo, os movimentos do coração, bem como os que regem apenas os juízos do espírito; numa palavra, as relações que têm força de lei, como ainda as puramente especulativas. A Lei eterna está assim em Deus e é o próprio Deus; pois tal Lei não é mais que a ordem eterna e imutável das perfeições divinas. E esta Lei é dada a conhecer a todos os homens pela união natural, ainda que agora muito enfraquecida, que têm com a soberana razão, ou enquanto são racionais; e, além disso, mediante os sentimentos de aprovação ou de reprovação interior com que esta mesma razão os consola quando obedecem a esta Lei, ou os desola quando não lhe obedecem, convencidos como estão de que ela lhes é imposta. Mas porque os homens se tornaram demasiado carnais, rudes, escravos das suas paixões, numa palavra, incapazes de entrar em si mesmos para consultarem atentamente a Lei soberana e a seguirem constantemente, todos necessitam das luzes e dos auxílios da Nossa Santa Religião. De facto, ela não só expõe claramente todos os nossos deveres, como nos proporciona também todos os auxílios para os pôr em prática.

Comparai, pois, sem preconceitos, a vossa doutrina sobre o *Li* com a que acabo de vos expor. Os vossos doutores eram muito esclarecidos, estou de acordo, mas eram homens como vós e como nós. E nós sabemos que há um Deus, um Ser infinitamente perfeito, não só por uma infinidade de provas que julgamos demonstrativas, mas porque o próprio Deus se deu a conhecer aos autores das nossas Escrituras. Mas deixando agora de lado a autoridade divina dos nossos livros sagrados e a dos vossos doutores, verificai se é possível que o vosso *Li*, sem se tornar o nosso, isto é, o Ser infinitamente perfeito, seja a luz, a sabedoria, a regra que ilumina todos os homens. Poderíamos ver nele tudo o que vemos se não contivesse eminentemente a realidade? Poderiam ver-se num plano, se fosse visível por si mesmo, sólidos que aí não estão? Não é evidente que aquilo que se vê imediata e diretamente não é nada, e que ver nada e não ver é a mesma coisa? Como encontraríeis no vosso *Li* estes espaços infinitos, isto é, aqueles que o vosso espírito perceciona imediatamente e que sabe não terem limites? Pois não falo dos espaços materiais que não se veem em si mesmos e que consequentemente poderíamos ver, ou antes julgar que víamos sem existirem, e aos quais, apesar de tudo, atribuís uma existência eterna que certamente só convém à sua ideia. Com efeito, a ideia destes espaços ou os espaços, que são o objeto imediato e direto do vosso espírito, são necessários e eternos, uma vez que não é mais do que a essência do Ser infinitamente perfeito enquanto representativa dos espaços materiais. Dizei antes como nós que o verdadeiro *Li*, o qual nos ilumina imediatamente e no qual descobrimos todos os objetos dos nossos conhecimentos, é infinitamente perfeito e contém eminentemente na simplicidade perfeita da sua essência tudo quanto há de verdadeira realidade nos seres finitos.

Fazei justiça ao verdadeiro *Li*, confessando de boa vontade que é essencialmente justo, pois, ao amar necessariamente a sua essência, ama também todas as coisas na proporção da sua progressiva perfeição, já que são tanto mais perfeitas quanto mais dela participam. Dizei também que é a própria justiça, a Lei eterna, a regra invariável, dado que toda a Lei eterna não é mais que a ordem imutável das perfeições que Ele encerra na infinidade e simplicidade da sua essência: ordem que é a própria Lei de Deus e a regra da sua vontade e a de todas as vontades criadas. Mas desconfiai das vossas abstrações, vãs subtilezas dos vossos doutores. Estas formas ou qualidades abstratas não existem. Todas as qualidades não são mais do que modos de Ser de algumas substâncias. Se amamos a Deus sobre todas as coisas e ao próximo como a nós mesmos, seremos justos, sem sermos, se assim se pode dizer, informados por uma forma abstrata de justiça que não subsiste em parte alguma.

Credes que é o *Li* que ordena a matéria nesta admirável ordem que observamos no universo, que é Ele que dá aos animais e às plantas tudo quanto é necessário para a conservação e propagação da sua espécie. Portanto, é claro que age relativamente a certos fins. Contudo, defendeis que não é sábio nem inteligente, e faz tudo isto por uma impetuosidade cega da sua natureza benfazeja. Que prova tendes de tão estranho paradoxo?

O Chinês: — Ei-la. Se o *Li* fosse inteligente como pensais, sendo bom por sua natureza, não haveria monstros nem qualquer desordem no universo. Porque é que o *Li* teria feito nascer cega uma criança com dois olhos? Porque é que faria crescer as searas para as destruir a seguir mediante os temporais? Será que um Ser infinitamente sábio e inteligente pode continuamente alterar o seu plano, fazer e desfazer logo a seguir o que fez? O universo está cheio de manifestas contradições: sinal de que o *Li* que o governa não é sábio nem inteligente.

O Cristão: — O quê? Aquele que nos deu os olhos e os colocou no alto da cabeça não planeou que nos servíssemos deles para ver, e vermos mais longe? Quem deu asas às aves não soube nem quis que pudessem voar nos ares? O que não direis então das desordens do universo, pois sendo o vosso espírito finito, não conheceis os fins ou os diversos planos do *Li*, cuja sabedoria é infinita. Pelo facto de o universo estar cheio de efeitos que se contradizem, concluís que o *Li* não é sábio. Eu concluo demonstrativamente o contrário. Eis como.

O *Li*, ou antes, o Ser infinitamente perfeito, que adoro, deve agir sempre de acordo com o que é, de uma maneira conforme com os seus atributos, cujo caráter revela. Com efeito, prestai atenção, Ele não tem nem pode ter outra Lei e outra regra de conduta além da ordem imutável dos seus próprios atributos. É necessariamente nesta ordem que encontra o motivo ou a regra que o determina a agir antes de uma maneira do que de outra. Só se determina pela vontade e a sua vontade não é mais do que o amor que tem a si próprio e às suas divinas perfeições. Não é uma impressão que lhe vem de alhures e para alhures o leva. Tudo o que vos afirmo está necessariamente contido na ideia do Ser infinitamente perfeito. Ora, formar para si leis gerais das comunicações de movimentos, leis gerais da união da alma e do corpo, e outras semelhantes, após ter previsto todas as consequências, eis o que certamente revela o caráter de uma sabedoria e de uma pré-ciência infinitas. Mas agir em todos os momentos através de vontades particulares revela uma sabedoria e uma providência limitada, como a nossa. Além disso, agir mediante leis gerais revela o caráter de uma causa geral, a uniformidade na conduta exprime a imutabilidade da causa. Isto é evidente e refuta as vossas dificuldades. Dizeis que o *Li* destrói as searas que fez crescer; logo, não é sábio. Faz e desfaz sem cessar, contradiz-se; logo, muda de plano ou, antes, age por uma impetuosidade cega e natural. Enganais-vos. Pelo contrário, porque o verdadeiro *Li* segue sempre as leis muito simples das comunicações dos movimentos é que os temporais se formam e danificam as searas, e as chuvas produzidas igualmente pelas mesmas leis, as fizeram crescer. Com efeito, tudo o que acontece naturalmente na matéria mais não é do que uma consequência destas leis. É a mesma conduta que produz efeitos tão diferentes. É porque Deus não altera a sua maneira de agir e segue sempre as mesmas leis que se observam no universo tantos efeitos que se contradizem. É por causa da simplicidade destas leis que os frutos são danificados; mas a fecundidade destas mesmas leis é tal que depressa reparam o mal que fizeram. Numa palavra, estas leis são tais que a sua simplicidade e fecundidade juntas revelam mais o caráter dos atributos divinos do que qualquer outra lei mais fecunda mas menos simples, ou mais simples mas menos fecunda. Deus não se honra apenas pela excelência da sua obra, mas também pela simplicidade das suas vias, pela sabedoria e uniformidade da sua conduta.

Deus estabeleceu as leis gerais da união da alma e do corpo, em consequência das quais, segundo as diversas impressões, se produzem no cérebro, devemos ser avisados da presença dos objetos, ou do que acontece ao nosso corpo. No cérebro de um homem que perdeu um braço dá-se a mesma impressão como quando tinha gota no dedo mendinho. De igual modo no cérebro de um homem que dorme surge a mesma impressão que outrora fazia o seu pai, há pouco falecido. A que se deve que este seja avisado da presença do pai, e que o outro ainda sofra da gota num dedo que não tem? É que Deus não quer compor as suas vias, nem perturbar a uniformidade e a generalidade da sua conduta para remediar ligeiros inconvenientes.

Em virtude das mesmas leis, quando um homem quer mexer o braço mexe-o, sem que saiba sequer o que é necessário para o mexer. Vê-se perfeitamente que a finalidade desta lei é necessária para a conservação da vida e da sociedade. Mas a que se deve não haver nenhuma exceção e que Deus, que ordena a esmola e proíbe o homicídio, preste o seu concurso tanto àquele que estende a mão para socorrer o próximo como ao que mata o inimigo? É, sem dúvida, porque Deus não quer privar as suas vias da simplicidade e generalidade, reservando para o dia das suas vinganças punir o abuso criminoso que os homens fazem no poder que lhes concede pelo estabelecimento das suas leis.

Não imagineis que o mundo é a mais excelente obra que Deus poderia fazer; é, sim, a mais excelente que pôde fazer pelas vias tão simples e sábias de que se serve ([7]). Se puderdes, comparai a obra

---

([7]) Era natural que Leibniz manifestasse a este respeito o seu desacordo: «Contando tudo, vias e efeitos, é absolutamente o mais excelente. As vias são uma parte da obra.» (Cf. A. Robinet, *Malebranche et Leibniz, Rel. Per.*, p. 488)

com as vias, a obra inteira e em todos os tempos com todas as suas vias. Com efeito, foi o conjunto de toda a obra que Deus escolheu juntamente com as vias o que mais revela o caráter dos atributos divinos. Não se determinou por esta obra a não ser pela sua vontade, de acordo com o seu motivo e a sua lei. Mas a sua vontade não é mais do que o amor que Ele tem a si próprio, e o seu motivo e lei mais não são do que a ordem imutável e necessária que existe entre as divinas perfeições. Como Ser infinitamente perfeito, basta-se a si mesmo, e é livre de nada fazer. Mas não é livre de escolher mal, isto é, de escolher um plano que não seja infinitamente sábio, e desmentir assim o que Ele verdadeiramente é.

Não humanizeis a divindade, nunca julgueis por vós próprio o Ser infinitamente perfeito. Um homem que constrói uma casa e que poucos dias depois a desfaz assinala provavelmente, através da alteração da sua conduta, a sua inconstância, o seu arrependimento, a sua pouca previdência; é que só pode agir mediante vontades, com planos parciais e limitados. Mas a causa universal age e deve incessantemente agir por meio de vontades gerais e seguir exatamente as sábias leis que prescreveu após ter previsto todas as consequências. Após, dizia eu, ter previsto e querido positiva e diretamente todos os efeitos que tornam a sua obra mais perfeita, já que é devido a estes bons efeitos que estabeleceu tais leis; mas previu e apenas permitiu os maus, isto é, indiretamente quis que acontecessem. Pois não quer diretamente estes maus efeitos; só os quer porque quer diretamente agir segundo o que Ele é e manter na sua conduta a generalidade e uniformidade que lhe convém, a fim de estar de acordo com os seus atributos. Não quer dizer que, quando a ordem destes mesmos atributos o exigir ou permitir que Ele aja por meio de vontades particulares, não o faça. Foi o que aconteceu na instituição da nossa santa religião, pois sabemos que foi confirmada por muitos milagres.

O princípio geral de tudo isto é que as causas agem de acordo com aquilo que são. Assim, para saber como agem em vez de nos consultarmos a nós mesmos, importa consultar a ideia que se tem das causas. O vosso imperador é da mesma natureza que vós; contudo, não imaginais que deva agir como agiríeis em ocasiões semelhantes. Efetivamente, se se glorificasse mais a sua dignidade do que a sua natureza, poderia fazer planos em que nunca teríeis pensado. Consultai, pois, a ideia do Ser infinitamente perfeito, se quiserdes conhecer algo da sua conduta.

Mas, por outro lado, não vedes que é absolutamente necessário para a conservação do género humano e estabelecimento das sociedades que o verdadeiro *Li* aja incessantemente em nós como consequência das leis gerais da união da alma e do corpo, cujas causas naturais ou ocasionais são as diversas mudanças que ocorrem nas duas substâncias de que os homens são compostos? Partindo apenas do pressuposto de que Deus não nos dá sempre as mesmas perceções, quando nos nossos olhos ou no nosso cérebro existem as mesmas impressões, só isto destruiria todas as sociedades. Um pai desconheceria o seu filho, e um amigo o seu amigo. Confundiríamos uma pedra com o pão e, geralmente, tudo ficaria numa terrível confusão. Tirai a generalidade às leis naturais, tudo cai num caos onde nada mais se conhece, pois as vontades particulares do verdadeiro *Li* que governa o mundo ser-nos-iam inteiramente desconhecidas. Talvez se julgasse, por exemplo, que ao arrojarmo-nos pela janela descêssemos com tanta segurança da nossa casa como se fosse pelas escadas, ou que confiando em Deus, cuja natureza é benfazeja, andássemos por cima da água sem nos afundarmos. Portanto, não julgueis que o *Li* age por uma impetuosidade cega devido aos males que nos acontecem. Ele deixa à vossa indústria esclarecida pelo conhecimento das leis gerais garantir-vos contra os da vida presente; e envia-no-los para nos ensinar o que é necessário para evitar os da vida futura, que são muito mais temíveis. Ele é infinitamente bom, é naturalmente benfeitor. Faz mesmo às criaturas, não receio afirmar tal, todo o bem que lhes pode fazer, mas agindo como deve agir prestai atenção a esta condição agindo de acordo com a ordem imutável dos seus atributos; pois Deus ama infinitamente mais a sua sabedoria do que a sua obra. A felicidade do homem não é a finalidade de Deus, isto é, o seu fim principal, o último fim. Deus é para si mesmo o seu fim; o seu fim último é a sua glória; e quando age, age em conformidade com aquilo que é, sempre de uma maneira que ostenta o caráter dos seus atributos, pois não tem outra lei ou outra regra da sua conduta.

O Chinês: — Confesso-vos que é necessário que o *Li* saiba o que faz e até o que quer. Fiquei bastante contente com a resposta que acabais de dar à objeção que vos fiz. Mas partis sempre do pressuposto de que a matéria foi criada do nada, o que não creio ser verdade por duas razões. A primeira é que há contradição que do nada se possa fazer algo. A segunda é que posso afirmar de uma coisa o que sei estar incluído na ideia que dela tenho. Por exemplo, posso asseverar que um quadrado se pode dividir em dois triângulos iguais e semelhantes, porque o concebo claramente, tal como posso afirmar que a extensão é eterna, porque a concebo eterna.

O Cristão: — À vossa primeira objeção respondo que é verdade que o próprio Deus não pode do nada fazer algo, no sentido de que o nada seja a base ou o sujeito da obra, ou que a obra seja formada e composta a partir do nada, pois haveria aqui uma manifesta contradição. A obra seria e não seria ao mesmo tempo, o que só por si dá origem à contradição. Mas que o Ser infinitamente perfeito e, por conseguinte, todo-poderoso, pois a omnipotência está contida na ideia do Ser infinitamente perfeito, queira e, por consequência, produza os seres cujas ideias ou modelos estão incluídos na sua essência que conhece perfeitamente, não há aí qualquer contradição. É que o nada e o Ser podem suceder-se um ao outro. Deus vê em si mesmo a ideia de extensão: logo, pode querer produzi-la, se quiser, e esta, no entanto, não se produzir, não é todo-poderoso nem, por consequência, infinitamente perfeito. Portanto, ou negais a existência de um Ser infinitamente perfeito ou confessais que pôde criar a matéria, e até que só Ele a criou porque a move, e a dispõe na ordem que admiramos. Sendo infinitamente perfeito, independente, não derivando os conhecimentos senão de si próprio, e conhecendo até desde toda a eternidade tudo o que sabe vir a acontecer, se não tivesse feito a matéria, não conheceria sequer as mudanças que nela ocorrem, nem até se existe.

O Chinês: — Confesso que não compreendo a menor relação entre a vontade do vosso Deus e a existência de um argueiro.

O Cristão: — Pois bem, quereis concluir que o Ser infinitamente perfeito não pode criar um argueiro? Portanto, negais que exista um Ser infinitamente perfeito, ou então que há muitas coisas que nem vós nem eu podemos compreender. Mas de boa-fé concebeis claramente alguma relação entre a ação do vosso *Li*, seja ela qual for, ou entre a sua vontade (se agora estais de acordo que não faz nada sem saber e querer fazer) e o movimento do argueiro. Por mim, confesso também a minha ignorância: não vejo nenhuma relação entre uma vontade e o movimento de um corpo. O verdadeiro *Li* formou-me dois olhos com uma estrutura maravilhosa e adequada à ação da luz. Quando os abro, tenho, mau grado meu, diversas perceções de diversos objetos, cada qual com um certo tamanho, cor, figura e o resto. Quem faz tudo isso em mim e em todos os homens? É um ser infinitamente inteligente e todo-poderoso. Fá-lo porque quer. Mas qual a relação entre a vontade do *Ser* soberano e o menor destes efeitos? Não vejo claramente esta relação, mas deduzo-a da ideia que tenho deste ser. Sei que as vontades de um ser todo-poderoso devem necessariamente ser eficazes, podendo até fazer tudo o que não encerra a contradição. Quando contemplar Deus tal qual é, o que a minha Religião me manda esperar, compreenderei claramente em que consiste a eficácia das suas vontades. O que agora concebo é que existe contradição em que o vosso *Li* possa mover um argueiro pela sua própria eficácia, se a existência deste argueiro não for o efeito da vontade do verdadeiro *Li*. Efetivamente, se Deus quer e, por conseguinte, cria ou conserva o argueiro num determinado lugar e não o pôde criar sem o ter colocado em qualquer lado, este estará onde Ele quer e nunca noutra parte. É que só existe aquele cuja vontade sempre eficaz dá a existência aos corpos que os possa mover, ou os faz existir sucessivamente em diferentes locais.

O Chinês: — Está muito bem. Mas que respondeis à minha segunda prova da eternidade da extensão? Não é demonstrativa? Só se pode afirmar o que claramente se concebe? Ora, quando pensamos na extensão concebemo-la eterna, necessária, infinita. Logo, a extensão não é feita: é eterna, necessária, infinita.

O Cristão: — Sim, sem dúvida, a extensão, a que imediata e diretamente percecionais, a extensão inteligível é eterna, necessária, infinita. Com efeito, é a ideia ou o arquétipo da extensão criada que percecionamos imediatamente; e esta ideia é a essência eterna do próprio Deus enquanto relativa à extensão de que o universo é composto. Mas a extensão de que se trata, aquela de que esta ideia é o modelo, é criada no templo pela vontade do Todo-poderoso. Será que ainda confundis as ideias dos corpos com os próprios corpos? Da existência da ideia que se perceciona de um magnífico palácio pode concluir-se a existência de tal palácio?

Esta proposição é verdadeira: pode afirmar-se de uma coisa o que se concebe claramente incluído na ideia desta coisa. A razão está em que os seres são necessariamente conformes às ideias de quem os fez, e que se veem na essência de quem os criou, as mesmas ideias segundo as quais os criou. Com efeito, se vemos estas ideias de outra maneira, cada um de nós as vê, por exemplo, nas modificações da própria substância; visto que Deus não fez o mundo segundo as minhas ideias, mas segundo as suas, eu não poderia afirmar de ser algum o que eu visse claramente estar contido na ideia que dele tivesse. Mas da ideia que temos dos seres não se pode concluir a existência atual destes seres. Da ideia eterna, necessária, infinita da extensão não se pode inferir que há uma outra extensão necessária, eterna, infinita, nem sequer se pode concluir que haja qualquer corpo. O Ser infinitamente perfeito vê na sua

Essência uma infinidade de mundos possíveis de diferentes géneros, de que não temos nenhuma ideia, porque não conhecemos todas as maneiras como a sua Essência pode ser participada ou imperfeitamente imitada. Pode concluir-se que todos os modelos destes mundos são executados? Logo, é evidente que da existência necessária das ideias nada se pode concluir quanto à existência necessária dos seres, de que estas ideias são modelos; apenas se podem descobrir, nas ideias destes seres, as propriedades com base nas quais tais seres foram feitos, precisamente por aquele em quem vemos as suas ideias.

APROVAÇÃO

Por ordem de S. Ex.ª o Chanceler, li um manuscrito intitulado *Diálogo de um Filósofo Cristão e de um Filósofo Chinês*. Paris, 7 de janeiro de 1708.

PASTEL

Advertência

a respeito do

DIÁLOGO DE UM FILÓSOFO CRISTÃO
E DE UM FILÓSOFO CHINÊS

Composto pelo P. Malebranche,
Padre do Oratório

para servir de resposta à crítica
deste *Diálogo*, inserida nas
Mémoires de Trévoux do mês
de julho de 1708

Aviso ao leitor

Sobre o Diálogo de um Filósofo Cristão e de um Filósofo Chinês, composto pelo P. Malebranche, Padre do Oratório.

Uma pessoa muito respeitável e digna de fé, se é que há alguma ([1]), assegurou-me que, pelo trato que tivera com os chineses letrados, ficara a saber que as suas opiniões sobre a Divindade eram como vou expô-las. Tendo-me várias vezes solicitado para as refutar, mas de maneira a servir-me das verdades que aceitam para retificar a falsa ideia que têm da natureza de Deus, vi-me numa espécie de obrigação de lhe obedecer, esperando que as minhas razões talvez servissem aos Missionários que trabalham pela conversão destes povos. Não sei se para justificar a minha obediência posso acrescentar que a pessoa a que me refiro me assegurou que os chineses apreciaram muito as minhas opiniões.

([1]) *Mons. de Lionne (Artus de), Bispo de Rosalie.*

Numa carta de um padre Jesuíta da China ([2]) aos seus padres de França, li o sentido destas palavras: Não nos enviem para aqui os vossos Sábios de Filosofia, mas os que conhecem as Matemáticas ([3]) e as obras do P. Malebranche. Quanto ao mais, não foi por ordem da pessoa de que acabo de falar, nem por diligências minhas, que o *Diálogo* foi impresso. Obteve-se a sua aprovação sem que eu soubesse. Não considerava este livrinho como presente digno de ser oferecido ao público. Confesso, porém, que me rendi ao desejo que os meus amigos tinham de que fosse publicado, e isto por duas razões. A primeira, porque me observaram que eu demonstrava aí verdades de enormes consequências, e que ele podia servir para refutar a libertinagem; os que o lerem com atenção apreciarão o seu conteúdo. A segunda razão é que, tendo-se espalhado pelo mundo as cópias manuscritas, corria o boato de que escrevia contra os jesuítas ([4]). Pensei que, se o meu Escrito aparecesse, este rumor mal fundado se dissiparia.

Eis, portanto, os que me informaram acerca dos erros dos filósofos chineses e que pretendi comba-

---

([2]) *O P. de Gobien.*

([3]) Com a anuência de Cam Hi, as ciências ocidentais foram introduzidas em Pequim; não se deve esquecer que Malebranche, nas suas demonstrações, atribui grande parte ao espírito científico, em que era versado, quer na matemática (cálculo infinitesimal), quer na física (corrigiu as leis do movimento de Descartes e elaborou novas teorias sobre a luz e as cores).

([4]) Alusão à famosa «questão dos ritos» em que Malebranche alinhou, de facto, contra os jesuítas, embora numa atitude matizada.

ter no meu Escrito. Se eu próprio o tivesse mandado imprimir, tê-los-ia exposto primeiramente numa Advertência; isto parecia necessário a fim de preparar o espírito para a leitura desta pequena obra ([5]).

Os chineses letrados, pelo menos aqueles com que contactou a pessoa que me informou das suas opiniões, acreditam:

1.º Que só existem dois grandes géneros de seres, a saber, o *Li* ou a Soberana Razão, Regra, Sabedoria, Justiça e a matéria ([6]);
2.º Que o *Li* e a matéria são seres eternos ([7]);
3.º Que o *Li* não subsiste em si mesmo e independentemente da matéria. Aparentemente, consideram-no como uma forma ou como uma qualidade difundida na matéria;
4.º Que o *Li* não é sábio nem inteligente, apesar de ser a sabedoria e a inteligência soberana;
5.º Que o *Li* não é livre e que só age por necessidade da natureza, sem saber nem querer nada do que faz ([8]);

([5]) Trata-se de um grupo de proposições da escolástica de Tchu Hi, colhidas decerto oralmente por missionários ocidentais e interpretadas em termos predominantemente cartesianos, em vista de uma possível refutação.

([6]) Não é muito da índole da filosofia chinesa a distinção entre conceitos abstratos e a oposição entre espírito e matéria.

([7]) Não se tratará de uma interpretação cartesiana do Yin Yang?

([8]) Fórmula típica da escolástica posteriora a Tchu Hi. É, sobretudo, de grande ressonância espinosista...

6.º Que torna inteligentes, sábias, justas, as porções de matéria dispostas a receber a inteligência, a sabedoria, a justiça. Com efeito, segundo os letrados de que falo, o espírito do homem não é mais do que matéria depurada ou disposta a ser *informada* pelo *Li* e assim tornada inteligente ou capaz de pensar. É, aparentemente, por isto que concordam em que o *Li* é a luz que ilumina todos os homens e que é nele que vemos todas as coisas.

São estes, em geral, os erros e paradoxos que tive em vista no meu Escrito e que quiseram que refutasse.

Como já foi há quatro ou cinco meses que foi impresso, chegou ao conhecimento dos jornalistas de Trévoux. Parece que um deles o terá lido, aparentemente com demasiada precipitação e prevenção, fazendo-lhe a crítica. Vou referi-la toda inteira para que, mediante as comparações dos fragmentos em meu poder, se possa julgar solidamente, não da capacidade do autor, que sem dúvida podia fazer melhor, mas da sua equidade a meu respeito. Segundo parece, procura levantar suspeitas que não devo silenciar, não só por causa da qualidade dos autores, mas também pela multiplicidade dos exemplares dos seus jornais, que falam e falarão posteriormente a todos aqueles que os quiserem ler. Eis a crítica, extraída das *Mémoires de Trévoux*, do ano de 1708.

Artico LXXXIX

Diálogo de um Filósofo Cristão e de um Filósofo Chinês sobre a natureza de Deus, etc.

O autor da «Investigação da verdade» e deste Diálogo atribui sem mais o ateísmo a um filósofo chinês; e ele, sob o nome de um filósofo cristão, pretende convencê-lo com os seus raciocínios particulares. Talvez que tanto o filósofo chinês como o filósofo cristão não estejam de acordo com o que aqui se diz tanto de um como de outro. O mesmo acontecerá relativamente ao imperador da China [1]*, tão afastado do ateísmo que chega a ser sábio na filosofia do seu país.*

Observação — As palavras *atribui sem mais o ateísmo a um filósofo chinês* dão a entender que nisto não tenho razão. Deste modo, uma vez que não há um único chinês que vá parar ao ateísmo e que, sem ferir a verosimilhança, não possa servir-me do

---

(1) Cam Hi. Ver Bouvet J., *Portrait historique de l'Empereur de la Chine présenté au Roi*, Paris, *Michallet*, 1697.

interlocutor para refutar a impiedade, não há mais nada a fazer para contentar a delicadeza do autor do que mudar chinês por japonês ou siamês, ou até por francês. É que ele está de acordo em que o *sistema do ímpio Espinosa faz aqui grandes danos* e parece-me que há muita relação entre as impiedades de Espinosa e as do nosso Filósofo Chinês ([2]). A mudança de nome não alteraria nada no que é essencial ao meu Escrito. Peço ao autor que me atribua apenas as provas que aduzo contra os erros que se desejou que eu viesse a refutar, e que me deixe, contudo, a liberdade de acreditar em factos que alguém confirmou, de cuja honra e sinceridade minimamente duvido.

Quanto ao mais, não atribuo o ateísmo aos chineses, a não ser que por ateísmo se entenda a recusa de reconhecer a existência do verdadeiro Deus, do Ser infinitamente perfeito, de todas as maneiras. Se os chineses letrados adoram o Céu material ou até o *Senhor do Céu*, considerando este Senhor como tal ser, um ser limitado e finito na sua essência, como um rei poderoso, parecido, por exemplo, com o Júpiter dos pagãos, o vencedor dos Gigantes e dos Titãs, que chamavam Deus do Céu, são tão idólatras como se adorassem Plutão, o Senhor dos Infernos, ou Belzebud,

---

([2]) Aqui se vê que o confronto de Malebranche com o pensamento chinês é quase só um pretexto para forçar armas como o espinosismo. Ele próprio «não tem qualquer dificuldade em confessar que, quando escreve "chinês", pensa Espinosa» (A. Robinet).

o deus das moscas. Quero acreditar, segundo a palavra do autor, que o imperador da China reconhece e adora o verdadeiro Deus, o Ser infinitamente perfeito, numa palavra, *aquele que é*; com efeito, é o nome absoluto que Deus atribui a si próprio. Também desejo de todo o coração que os padres jesuítas obtenham dele a este respeito uma declaração pública; é que aparentemente lhes confidenciou os seus bons sentimentos, pois se refere aqui *ser verdade que ele está muito afastado do ateísmo.*

O Autor — *Antes de passarmos à demonstração da existência de Deus, há que estabelecer a sua noção; ei-la:* «O nosso Deus é *aquele que é*, é o Ser infinitamente perfeito, é o Ser. O Rei do Céu que considerais como nosso Deus não seria mais do que um Ser, um ser particular, um ser finito. O nosso Deus é o ser sem qualquer restrição ou limitação. Contém em si próprio de uma maneira incompreensível a todo o espírito finito quanto há de verdadeira realidade em todos os seres, criados e possíveis».

Observação — Este texto é extraído do meu escrito, p. 3. Mas na passagem que marquei com um asterisco omitiram-se as palavras *todas as perfeições.* É preciso ler as páginas catorze e quinze, e até a vinte e um, para melhor julgar do que se segue.

O Autor — *Cabe agora ao Chinês advertir todos os Missionários para não se servirem da palavra*

Tienchu ([3]), *isto é, o Senhor do Céu para significar Deus. Mas se ele se converter e ler a Sagrada Escritura, ficará muito espantado por nela encontrar em cada página que Deus é o Senhor, o Rei do Céu e da terra e, sobretudo, que Deus é um ser, um ser particular, absolutamente distinto de todos os outros e infinitamente acima deles, não contendo, por consequência, em si a realidade, embora contenha eminentemente todas as perfeições. Uma vez que tudo o que é criado participa à sua maneira nas perfeições de Deus e não na sua realidade, do mesmo modo Deus à sua maneira contém as perfeições que lhes atribuiu e não a realidade da sua obra. Mas importa acreditar que a palavra realidade está aqui em vez de perfeição, como se pode inferir do que diz o Autor, que os seres criados não são partes de Deus, mas apenas imitações infinitamente imperfeitas da sua essência. Nas instruções seria de evitar termos que adquiram um sentido deturpado, sobretudo numa altura*

([3]) *Tien-chu* é uma das expressões controversas na querela dos ritos e dos termos. *Tien* significa céu, mas no sentido de não social, de não humano, e evoca de preferência a φύσις e a universal espontaneidade da *natura naturans. Chu* (ou melhor *tche*) designa os elementos componentes, a própria natureza. O sentido de Senhor é mais tardio e para-confucionista. O emprego de *Tien-chu* é antes de mais taoísta e encontra-se principalmente em *Tchuang Tseu.* O mestre é chamado *Tien* pelo iniciado. No *Tao, Tien* é o título técnico do céu, oposto a *Yen,* ao humano, e não à matéria. No sentido de vontade celeste, *Tien-chu* encontra-se no *Mao Tseu* para efetuar aos olhos do povo o poder dos espíritos. Mas a ideia original do princípio da ordem mantém-se também aqui: «O *Tien-chu* é para mim como o esquadro e o compasso para o marceneiro». *Li* designa mais especificamente este aspeto da ordem do *Tien-chu* (A. Robinet).

em que o ímpio sistema de Espinosa causa danos que passam despercebidos.

Como parto do pressuposto de que se leu atentamente as páginas catorze e quinze, assim como a vinte e um, de que o Autor cita algumas palavras, pensei que não tem grande necessidade de resposta. Contudo, aqui ficam algumas reflexões sobre o discurso do Autor.

Não vejo por que é que, a partir da passagem transcrita, ou seja, que o Deus dos Cristãos é *aquele que é, o Ser infinitamente perfeito* e o resto, não vejo — dizia eu — por que é que o Autor conclui: *cabe agora ao Chinês advertir todos os Missionários para não se servirem da palavra* Tienchu, *Senhor do Céu, para significar Deus.* Confesso que *Senhor do Céu*, e até o *Céu*, são termos de que podemos servir-nos falando de Deus, pois podem despertar no espírito a noção do verdadeiro Deus, relativamente aos que já o conhecem. Quando, por exemplo, os Cristãos dizem que é do *Céu* que se deve esperar a paz, vê-se bem que por *Céu* entendem o verdadeiro Deus; mas é porque se supõe que o conhecem e não adoram outro. *Senhor do Céu* não é mais do que um nome de qualidade, um nome relativo. Mas *aquele que é*, ou o Ser infinitamente perfeito, é um nome absoluto, que exprime a essência do verdadeiro Deus e só a Ele convém. Sem dúvida, Deus pode fazer um Anjo *Senhor do Céu*, dando-lhe o poder para regular o movimento dos Astros. Mas esse Senhor do Céu não seria o Deus dos Cristãos. *Se, pois, o Chinês se convertesse* — mas converteu-se perfeitamente — *e lesse as Escrituras,* não se espantaria absolutamente nada por *encontrar*, se se quiser, *em cada página*, que Deus é o Senhor e o Rei do Céu. Com efeito, saberia que o é e que não se parece com Júpiter, a quem os pagãos chamavam o Senhor do Céu. Nem sequer ficaria surpreendido por a Sagrada Escritura atribuir braços e mãos a Deus, dois olhos e ouvidos. Tendo aprendido na mesma Escritura que o verdadeiro Deus é *aquele que é*, o Ser infinitamente perfeito, infinitamente bom, sábio, justo, poderoso e o resto, compreenderá que, se ela humaniza muitas vezes a Divindade com as suas expressões, é porque se adapta à fraqueza dos homens.

Não percebo também sobre que fundamento o Autor insinua aqui, e mais adiante, que a minha opinião poderia ser que Deus não é tal Ser, ou *um Ser particular distinto de todos os outros*, mas um composto de todas as partes do Universo, que é a impiedade de Espinosa. E isto sobretudo após ter lido a página vinte e um de que cita estas palavras, página na qual sublinho precisamente em que sentido se deve dizer que Deus existe, mas não é um *tal Ser*, ou um Ser particular. Peço ao Leitor que leia a página vinte e um com alguma atenção. Não compreendo como o Autor não vê que, quando se diz que Deus não é um tal Ser, um tal bem, ainda quando não acrescentasse, como sempre fiz, um Ser limitado, um bem finito, se pretende significar com isto que Deus é o Ser ou bem, de que todos os outros participam, dado que não são mais do que imitações imperfeitas e finitas na sua essência: *Quid plura et plura* — diz S. Agostinho — *bonum hoc et bonum illud? Tolle hoc et illud, et vide ipsum bonum, si potes, ita Deum videbis; non alio bono bonum, seb bonum omnis boni* ([4]). Mas, acrescenta o Autor, *pode inferir-se que a palavra realidade está aqui em vez de perfeição.* Não há só *lugar*, mas há *necessidade* de tal acreditar, se se tivesse transcrito exatamente o meu texto e não se tivessem eliminado estas palavras: *todas as perfeições*, as quais, sem a partícula conjuntiva e copulativa *E*, estão, na página catorze, antes destas: *tudo quanto há de verdadeira realidade.* E só acrescentei estas últimas porque, de acordo com a Advertência do Autor, talvez tenha apenas receado excessivamente *que adquirissem um sentido deturpado.*

O Autor — *Eis agora a demonstração:* «Pensar em nada e não pensar, percecionar o nada e nada percecionar é a mesma coisa. Portanto, tudo o que o espírito percebe imediata e diretamente é alguma coisa ou existe... Ora, penso no infinito; perceciono imediata e diretamente o infinito. Logo, existe. Pois se não existisse, eu não percecionaria nada. Assim percecionaria e não percecionaria ao mesmo tempo, o que é uma manifesta contradição». *Se é apenas um infinito que encerra em si a realidade de uma infinidade de coisas que o nosso espírito concebe, não é avançar*

([4]) *De Trinitate*, Lib. 8, cap. 3: «Porquê mais e mais bens, este bem e mais aquele? Tira este e aquele, contempla o próprio Bem, se puderes, e verás assim Deus: não o Bem com outro bem, mas o Bem de tudo o que é bom».

muito para a existência de Deus. Logo, há que dizer que concebemos o infinito em todas as perfeições e, consequentemente, o infinito em existência e, pela sua própria infinidade, distinto de tudo o mais. Após esta demonstração fundada unicamente na noção que temos de Deus não esperávamos nada que este Autor escrevesse: «Apesar de a perceção com que esta ideia nos toca ser a mais frouxa de todas, tanto mais frouxa quanto mais ampla é, por conseguinte, infinitamente frouxa, já que é infinita.» Finalmente qual pode ser a solidez de um raciocínio estabelecido na mais frouxa das perceções, e infinitamente frouxa?

Resposta — Um dos maiores obstáculos que impedem os homens de reconhecer a realidade das ideias abstratas, ou de não modificarem o espírito pelas perceções sensíveis, é que eles geralmente só avaliam a realidade das ideias pela sensibilidade das perceções com que afetam o espírito. É por isso que faço dizer ao Chinês que, apesar de se ver reduzido a nada ter de replicar às minhas razões, ele não se convenceu: *pois lhe parece sempre que quando pensa no infinito, não pensa em nada.* Esforço-me por lhe fazer ver a extravagância da sua prevenção da página dezassete e seguintes. Descubro-lhe a causa e procuro fazê-lo compreender esta verdade: que não se deve julgar a realidade das ideias, nem sequer a sua eficácia, pela maior ou menor vivacidade das perceções com que nos afetam, mas pela maior ou menor realidade que nelas o espírito descobre. Com efeito, uma mesma ideia pode não só tocar-nos sucessivamente mediante inúmeras perceções de todo diferentes mas também, como demonstro pela experiência, mediante muitas, simultaneamente diferentes. E deste modo, embora o infinito nos toque nesta vida através de uma perceção muito frouxa, tão frouxa que, ao pensarmos nele, parece que não pensamos em nada, é contra a razão imaginar que tem menos realidade que o finito, visto que a ideia do finito nos afeta mediante perceções vivas e interessantes. Partindo do pressuposto de que o *Diálogo* se leu com muita atenção nas passagens que assinalei, pode avaliar-se o resto do Texto que acabo de transcrever. Parece-me que o Autor quis divertir o Leitor à minha custa, ou então que não compreende o que critica. É o que parece só pelo Texto que acabo de transcrever, e o Autor até parece concordar, de boa-fé.

O Autor — *Passando em seguida à maneira como conhecemos, distingue entre ideia e conhecimento: aquela que é o objeto imediato deste, e é em si a essência de Deus* «que, ao tocar-me com as suas realidades eficazes, pois a Deus nada é impossível, isto é, ao tocar-me com a sua essência, enquanto participável por todos os seres, pode descobrir-me ou representar-me todos eles. *É assim* — diz — *que Deus nos faz ver todas as coisas n'Ele, sem se mostrar a si próprio.* «Suponhamos, *acrescenta ele, para explicar o seu pensamento,* que o plano desta parede é capaz de agir sobre o vosso espírito e de a ele se mostrar; é claro que poderia fazer-vos ver todas as espécies de linhas curvas e retas, assim como todas as espécies de figuras, sem que vísseis o plano. Com efeito, se o plano vos afetasse apenas enquanto esta ou aquela linha, e que o resto do plano não vos atingisse e se tornasse perfeitamente transparente, veríeis a linha sem ver o plano, embora só vísseis a linha no plano.»

Creio que era a propósito disto que o Autor se dava ao trabalho de transcrever o que se segue: «e pela ação do plano sobre o vosso espírito. Com efeito, este plano contém a realidade de todas as espécies de linhas. Assim, Deus, o Ser infinitamente perfeito, contendo eminentemente em si mesmo tudo quanto há de realidade ou de perfeição em todos os seres, pode representar-vo-las, atingindo-nos pela sua essência, não tomada absolutamente, mas enquanto relativa a estes seres, uma vez que a sua essência infinita contém quanto há de realidade verdadeira em todos os seres. Deste modo, Deus só age imediatamente nas nossas almas, só Ele é a nossa vida, a nossa luz, a nossa sabedoria».

O Autor — *Mas parece que o plano tornado transparente já não atingiria o espírito e então a linha ver-se-ia em si mesma.*

Eis precisamente o que pretendo concluir com a minha comparação grosseira. *Então ver-se-ia a linha sem ver o plano*: podem, pois, ver-se imediatamente, ou nelas mesmas, as ideias dos seres que estão em Deus, sem o ver a Ele. Pode ver-se a sua essência absolutamente considerada. Eis o que unicamente quis que se concebesse, e o que, por conseguinte, elimina aquilo que o Autor nos vai dizer.

O Autor — Mas supondo, além disso:

1.º *Que Deus toca o nosso espírito pela sua essência;*
2.º *Que esta essência contém em si a realidade de todos os seres, mesmo se na opinião do Autor ela tenha a sua própria realidade, não sendo um ser particular;*
3.º *Que estas realidades, sejam quais forem, são elas próprias eficazes; parece concluir-se que essência eficaz e realidades eficazes, tocando conjuntamente o nosso espírito, se deixam ver juntas, e causam uma perceção não interrompida pela qual Deus é visto em si mesmo ou na sua essência, e todas as coisas são vistas em Deus, ou na essência de Deus.*

Peço ao Leitor que procure compreender este discurso e, sobretudo, relacioná-lo com o precedente, a fim de experimentar assim o embaraço em que se encontrará quem quiser responder bem, com alguma exatidão, a um homem que critica o que parece não compreender. O que posso fazer é repetir: creio *que Deus toca o nosso espírito pela sua essência,* e acrescento, *imediata e diretamente* NULLA *«interposita creatura», como diz Santo Agostinho; mas não conforme esta divina essência é, em si mesma, ou considerada absolutamente, mas sim relativamente às suas criaturas, isto é, como explica São Tomás, p. I., quaest. 15. art. 2* enquanto ela contém as ideias ([5]).

([5]) Eis o que diz o Arquinatense, sobretudo *Ad primum*: «Nada se diz assim que vá contra a unidade de Deus; pois o que se chama ideia não designa a essência divina enquanto essência,

É o que julgo ter perfeitamente demonstrado em várias das minhas obras e até muito extensamente na minha última Resposta à terceira carta póstuma de Arnauld ([6]). Cito de preferência esta última Resposta, dada a dificuldade em encontrar as outras, para excitar a curiosidade do Leitor a ler, e assim a pôr-se em condições de avaliar a minha opinião com conhecimento de causa. De resto, julgo dever afirmar que são palavras ofensivas, juntamente com as que referi e às quais já respondi: mesmo se, NA OPINIÃO DO AUTOR, A ESSÊNCIA DIVINA TENHA A SUA PRÓPRIA REALIDADE, NÃO SENDO DEUS UM SER PARTICULAR, que me colocaram na dolorosa e desagradável necessidade de responder e de publicamente perguntar ao Autor como é que, após ter lido o meu *Diálogo*, e sobretudo a página 17 de que cita até algumas palavras, pôde formar, e o que é pior, publicar uma suspeita tão cruel. Peço a Deus que lhe perdoe a falta, e ao Autor que procure repará-la, mandando imprimir nas mesmas *Mémoires de Trévoux* a minha resposta à sua Crítica, a fim de que uma e outra tenham os mesmos leitores, ou pelo menos que a repare pelas suas orações, para que Jesus Cristo me conceda os auxílios necessários para regular os movimentos do meu coração,

---

mas enquanto exemplar ou noção própria desta ou daquela coisa. Por conseguinte, apesar de Deus, na sua única essência, conceber várias noções relativamente a coisas diferentes, atribuem-se-lhe diferentes ideias».

([6]) *Recueil, de toutes les réponses à M. Arnauld*, par A. Robinet (1966), t. IX, p. 950.

sobre o preceito que nos deu e amarmos os que nos ofenderam.

O Autor — *Um leitor entendido que não encontre em si luzes mais vastas do que a da bem-aventurança limitar-se-ia a dizer a si próprio que nem sempre cabe a um bom espírito compreender todos os Autores. Confessará que não é iniciado nestes mistérios de ideia distinta do seu conhecimento, e que é a essência de Deus, de realidades das coisas em Deus, da essência de Deus que toca o espírito humano. Mas talvez se lembre nesta ocasião de uma palavra de Cícero sobre a natureza dos deuses:* Ego enim scire te ista melius quam me, non fateor tantum, sed facile patior. Cum quidem dicta sunt: quid est; quod Velleius possit, Cotta possit ([7]).

Por vezes, um *leitor entendido*, que se gabe demasiado, pode, se não compreender bem o que lê, dizer a si mesmo, para se consolar: *nem sempre cabe a um bom espírito compreender* todos os Autores: mas aparentemente este leitor entendido não emitirá o seu juízo. Confessará simples e modestamente que não compreende as opiniões do Autor, sem lançar mão de expressões de desprezo: *que não é iniciado nestes mistérios, de ideia distinta do seu conhecimento, e que é a*

([7]) *De natura deorum*, livro I, 26 (ed. Garnier, p. 68): *Ego enim scire te ista melius, quam me, non fateor solum, sed etiam faeile patior, cum quidem semel dicta sunt, quid est, quod Velleius intelligere possit, Cotta non possit.* «Que sabes tudo isto melhor do que eu, não só o confesso, mas até facilmente o aceito. Um pensamento uma vez expresso por palavras, como seria pensável que Veleio o compreendesse e Cota não?»

essência de Deus, etc. Parece-me, pois, que isto não é só decidir *que a ideia e o conhecimento ou perceção que dela se tem não passam da mesma coisa*, mas também que é tomar a opinião contrária como extravagante e ridícula, para não dizer pior. Apesar de tudo, o Autor permitir-me-ia que lhe observe que defender *que as ideias não são distintas das nossas perceções*, se não me engano, estabelecer inevitavelmente o pirronismo nas ciências e a libertinagem na moral. É defender o que, sem dúvida, está muito longe do pensamento do Autor; é, digo eu, indiretamente, mas através de consequências que me parecem evidentes e necessárias, defender que não há verdades eternas, imutáveis, necessárias, comuns a todos os espíritos, nem mesmo leis semelhantes, porque uma coisa segue-se da outra. E eis aqui algumas provas.

É evidente que as verdades não são mais do que relações que existem entre as ideias. Dois e dois são quatro, e dois e dois não são cinco só são verdades porque há uma relação de igualdade entre 2 e 2 e 4 e uma desigualdade entre 2 e 2 e 5, isto é, que 2 e 2 é a mesma coisa que 4 e que 2 e 2 é menos do que 5. Portanto, se os números *numerantes*, que Santo Agostinho chama *divinos e eternos*, e que são as ideias pelas quais contamos as coisas *numeradas*, não são *distintos das perceções* passageiras no nosso espírito; certamente as verdades dos números não serão eternas e imutáveis, porque as nossas perceções ou os nossos conhecimentos não estariam perante nós e não pode haver diferentes relações entre nadas.

Geralmente, há acordo quanto a este princípio: pode afirmar-se de uma coisa o que claramente se concebe estar contido na ideia que dela se tem. Mas se a *ideia* que se tem não é *distinta da perceção*, ou da modificação do espírito que a perceciona, este princípio não é exato. Sem dúvida, Deus não criou os seres com base nas nossas perceções passageiras, mas nas ideias eternas. Percecionamo-las quando elas nos tocam, e por elas os seres que necessariamente lhes são conformes. Omito muitas razões que se podem ver noutras partes. Apenas afirmo que, partindo do pressuposto de *que as ideias não são distintas das nossas perceções*, quem perceciona que os três ângulos de um triângulo são iguais a dois retos pode também afirmar que perceciona tal, ou que isto lhe parece assim, com o que os pirrónicos estariam de acordo. Mas não tem o direito de afirmar que isto é assim e que todos os homens, todas as inteligências e o próprio Deus o vê como ele, e que é uma verdade imutável, necessária, eterna, pois de certeza que a sua própria perceção não é assim. Portanto, se há verdades eternas e imutáveis, as ideias são eternas e imutáveis; e como tais é evidente que não se podem encontrar senão na essência eterna e imutável da própria Divindade.

Por conseguinte, o Autor não deveria; não acrescento mais nada: *Se é que admite o verdadeiro e o falso, o justo e o injusto necessariamente como tal, verdades e leis eternas, necessárias, imutáveis, comuns a todos os espíritos, já que confunde as ideias com os conhecimentos ou perceções da alma.* Não praza a Deus que eu Dele forme uma tal suspeita, ainda que melhor fundada, do que aquela de que acabo de me queixar. De modo algum duvido do contrário. O Autor, dizia eu, não deveria declarar, com ar trocista: *que não é iniciado nos mistérios de ideia distinta do seu conhecimento*, e o resto, nem acrescentar a sua passagem de Cícero. Ao fim e ao cabo, a questão de que se trata é séria e de graves consequências. Como li mais Santo Agostinho que Cícero, que me permita referir-lhe esta pequena passagem que li no seu primeiro Livro contra os Académicos: *Quaeso ut ratio praeveniat risum tuum; nihil enim est foedius risu irrisione dignissimo* ([8]). Numa altura em que os Autores ingleses, Hobbes, Locke e outros se difundem por toda a parte, e *produzem danos demasiado grandes* para continuarem *despercebidos*, não deveria troçar deste princípio, *Que as ideias são diferentes das perceções que delas temos*; que são eternas e imutáveis e as nossas perceções passageiras. Pois, sem este princípio, que penso ter demonstrado nas minhas *Respostas a Arnauld*, e noutras partes, não vejo que se possa, por meio da razão, deter o curso de erros tão perigosos.

Para avaliar o que se segue, é preciso ler necessariamente com atenção o *Diálogo* desde a página trinta e nove até à quarenta e três. Se aí se encontrar alguma obscuridade, o que espero que não aconteça, poderá recorrer-se aos *Diálogos sobre a Metafísica*

([8]) *Contra Académicos*, I, 13. «Aviso-te por prudência, reflete antes de rir, pois não há nada de mais humilhante do que um riso que merece apenas o desprezo.»

e sobre Religião, onde trato mais amplamente da divina Providência ([9]).

O Autor — *Para justificar a Providência, que permite que as searas sejam danificadas e que tantos acidentes nos façam sofrer, este Autor afirma que Deus ama mais a sua sabedoria do que a sua obra: o que certamente é verdade, mas terá de se explicar bem. Ora, a sabedoria ditou-lhe que empregasse princípios muito simples para a criação do mundo e que não interrompesse o curso que leva aos inconvenientes do que nos lamentamos. Isto é verdade; mas será que Deus faz perpetuamente milagres para deter e desviar as causas naturais?*

É moralmente impossível adivinhar, através deste discurso, qual é o meu pensamento, e muito difícil certificar-nos sobre qual é o do Autor. Diz que, segundo o meu pensamento, *a sabedoria de Deus* ditou-lhe que empregasse princípios muito simples para a criação do mundo. Sei perfeitamente que é o que nunca pensei. Se nisso há algo de verdade, como diz o Autor, nada posso descobrir. Deus, segundo o meu pensamento, não empregou outro *princípio* para a criação, senão um ato de vontade toda-poderosa. Julgo, a partir das palavras seguintes, e *não interromper o curso,* e o resto, que por *princípios muito simples,* que a sabedoria de Deus lhe ditou para empregar na *criação do mundo,* o Autor entende *causas naturais.* Mas, decerto, antes da criação do

([9]) Do nono *Diálogo* ao último. Cf. *Oeuvres Complètes,* t. XII, pp. 197 segs.

mundo não havia *causas naturais, cujo curso suscita inconvenientes.* Por conseguinte, parece-me que substituiu *criação* do mundo por *governo* do mundo. Isto poderia ser verdadeiro. Deus, com efeito, emprega as causas segundas no governo do mundo. Mas este discurso, entendido como se quiser, fornece uma ideia da minha opinião tão geral e tão confusa que, mesmo se — o que não é o caso — eu não estivesse de acordo com o que diz a seguir, o Leitor não veria como é que a minha opinião, que ele não compreende, seria solidamente refutada.

Como eu próprio pressinto que estou a aborrecer o Leitor, quero apenas prosseguir até ao fim com o texto do Autor, para se ter inteiro, sem escrupulosamente examinar o seu sentido. Acrescentarei apenas alguma resposta com tipo de letra diferente entre dois colchetes.

O Autor — *Mas se prestarmos atenção a que os princípios não se chamam simples ou compostos, a não ser em relação com o que deles deve resultar, facilmente se compreenderá que caberia a mesma sabedoria empregar outros princípios para formar outro mundo, e mais princípios para um mundo mais perfeito. É como se se tratasse da habilidade de um Arquiteto em empregar mais materiais e dos mais ricos para um maior e magnífico edifício. É como a habilidade de um Relojoeiro em empregar inúmeras rodas para acionar o bater das horas, o despertar, os minutos, a repetição.* [Estou de acordo, ainda que não tivesse escrito estas palavras, mas com o sentido de tudo isto no *Diálogo*, pp. 40 e 41 e mais amplamente noutras partes, como na minha última resposta a Arnauld, pp. 265 e 271, e no vol. I dos *Diálogos sobre a Metafísica*, pp. 268 e seg. ([10])], Por conseguinte, uma vez que a sabedoria de Deus não lhe exigiu que criasse o mundo como é, ou mais perfeito, é preciso aceitar o que o bom senso e a Religião levaram a dizer aos padres, quando tiveram de responder aos epicuristas e maniqueus, inimigos da Providência: que o mundo com os *pretensos* defeitos encerra na sua beleza e constante coordenação os traços de uma sabedoria e de um poder infinito que as incomodidades que não desejaríamos experimentar servem para exercitar os bons e punir os maus. Finalmente, Deus sabe tirar um bem enorme do que nos parece mal. [Concordo com tudo isto justamente interpretado; *o bom senso e a Religião* levaram-me a afirmar e a escrever tal muitas vezes. Disse justamente interpretado, porque apenas concordo que só existe o mal na aparência. Acredito que o mal existe, que Deus o permite e que dele tira o bem. Também acredito que no mundo não há só *pretensos* defeitos, mas verdadeiros defeitos que ocorrem, como se diz na Escola, *Ob defectum causarum secundarum*; mas tudo isto é apenas acessório. Respondo à objeção do Chinês. Seria necessário examinar se a minha resposta é sólida ou contrária *ao bom senso e à Religião.* Não vejo que o *bom senso* me obrigasse a deduzir a origem do mal do pecado original ao responder ao Chinês, o qual, suponho eu, nunca ouvira

([10]) *Recueil*, t. VIII, *Resp. au R fl.* III, p. 765, e *Entretiens*, VII, 13, t. XII, pp. 164-166.

falar deste pecado. Dizer-lhe também que os nossos pecados atuais são a causa dos nossos males obrigar-me-ia a explicar-lhe como é que os maiores pecados não são, apesar de tudo, os mais miseráveis neste mundo — o que me teria forçado a sair do meu tema e a dizer-lhe muitas verdades que os Cristãos sabem e que ele nunca ouvira, ou até que talvez considerasse como defeitos. Enfim, nem sempre se pode e deve dizer tudo, e de modo algum pretendi que não houvesse outras respostas além das minhas a apresentar à prova do Chinês: que *o Li não é inteligente, pois faz nascer cega uma criança com dois olhos*, e o resto]. O Autor continua. Além disso, *o Filósofo Chinês, menos pelo génio próprio da sua nação do que pela admiração de tantas subtilezas, não se torna contencioso. Expõe assim o seu sistema.* «Só aceitamos a matéria e o *Li*, a soberana Verdade, Sabedoria, Justiça, que subsiste eternamente na matéria, que a forma e dispõe nesta admirável ordem que vemos, e que também ilumina esta porção de matéria purificada e organizada de que somos compostos. Com efeito, e necessariamente nesta soberana Verdade, à qual todos os homens estão unidos — uns mais do que outros — que eles veem as verdades e as leis eternas que unem todas as sociedades.» [Julgar-se-ia talvez por estas palavras do Autor: *O Filósofo Chinês não se torna contencioso pela admiração de tantas subtilezas*, julgar-se-ia, repito, que este Filósofo não expõe o seu sistema senão no fim do *Diálogo*, após ter ouvido todas as subtilezas que o Filósofo Cristão tinha para lhe dizer; mas enganar-nos-íamos redondamente. O Cristão ainda não tinha aberto a boca, ainda nada havia declarado destas *subtilezas,* relativamente às quais o Chinês *por admiração não se torna contencioso.* É o Chinês que abre a conversação e declara antes de mais o meu sistema]. *Quem reconhece a necessidade deste princípio já deu um grande passo na prova da existência de Deus. Só falta desprendê-lo da matéria. Mas o que o Chinês acrescenta, que o Li não tem conhecimento e sabedoria. Ele que é a sabedoria eternamente subsistente é uma estranha contradição, que autoriza os jesuítas missionários da China a defender que a filosofia da nação condena o ateísmo e ensina a existência de Deus Criador e Rei do Céu e da Terra.*

O Chinês do *Diálogo* não acrescenta que o *Li* existe *sem sabedoria*; segundo ele, é a sabedoria e a regra ou a própria justiça; mas afirma *que não é a justiça,* porque é melhor e mais excelente do que o sábio. Com efeito, segundo ele, a sabedoria, a única que torna sábio, vale mais do que o sábio, e não há nada mais excelente e nada melhor do que o *Li* ou a sabedoria. Julga até que há contradição em que a sabedoria seja sábia, porque a forma e o sujeito devem ser diferentes. Quando o mesmo Chinês diz ainda que o *Li é a verdade e a sabedoria eternamente subsistente,* ele acrescenta *na matéria*: não acredita que possa subsistir em si mesma independentemente da matéria. São estes os erros do Chinês que procuro refutar, e não me refiro a outros. Mas, diz o Autor, são *contradições estranhas,* que autorizam os jesuítas, etc. Sim, se os homens não caíssem em *estranhas contradições*: mas a religião dos pagãos prova o contrário. São paradoxos estranhos: o P. Malebranche, ou o Filósofo Cristão, confessa, e reprova isto ao Chinês. Julgou não chocar ninguém, ao procurar dissuadi-lo e fazê-lo compreender como o verdadeiro *Li*, o Deus dos Cristãos, é sábio por si mesmo e é a sabedoria que torna sábios aqueles que o são. Imaginou que haveria Cristãos que leriam com prazer e com algum proveito a explicação que dá, *pp. 33 até à 37*, e que isto poderia ser útil aos Missionários da China e até aos jesuítas que se servem dos seus livros para a conversão destes povos. É o testemunho que atualmente lhe prestam a sua consciência e memória. Mas, diz-se, a *Filosofia da nação Chinesa condena o Ateísmo e ensina a existência de Deus Criador, Rei do Céu e da Terra.* Duvido de tal coisa, porque me é permitido; e desejo-o muito mais, porque tal me é exigido. Mas aí está um facto que não me diz respeito e em que não tomo nenhum partido. *A filosofia Chinesa condena o ateísmo*: a da Europa não o condena? E isso impede de acreditar que há alguns espinosistas, e de escrever algum *Diálogo* entre um cristão e um espinosista para combater os estranhos paradoxos deste ímpio? Se pessoas instruídas nas verdades da religião são capazes de cair no ateísmo, que se deverá pensar dos chineses que não foram, como nós, esclarecidos com as luzes do Evangelho?

Aprovação de Monsenhor Pastel

Li por ordem de S. Ex.[a], o Chanceler, um manuscrito intitulado *Advertência ao Leitor*, etc. Paris, em 23 de agosto de 1708.

PASTEL

Testemunhos de vários jesuítas a respeito do ateísmo dos Chineses

O P. Mateus Ricci, apresentado em latim e traduzido para francês, no fim do cap. X do livro I da Expedição Cristã à China ([1]), após ter falado das três Seitas, diz que a opinião dos mais sábios, e também a mais

---

([1]) Ricci M., *De christiana expeditione apud Sinas suscepta a Societate Jesu...* Mangium, 1615, apresentado por Trigault; *Histoire de l'expedition chrétien au royaume de la Chine entreprise par les PP. de la Compagnie de Jésus, tir et des commentaires du P. M. Ricci par le P. Nicolas Trigault et nouvellement traduits par le Sr. D. F. de Riquebourg-Tribault,* Lyon, Cardon, 1616 (p. 188). «Nesta época, a opinião mais aceite e aprovada pelos mais sábios e avisados era esta: que todas as três leis se sintetizam numa e, no seu conjunto, podem e devem ser aprovadas... E assim, há muitos que finalmente confessam ingenuamente a sua irreligião. E os que se enganam a eles mesmos por uma falsa credulidade caem a maioria das vezes também em erros muito graves do ateísmo» (p. 166). «Mas como a natureza corrompida, sem o auxílio da graça, se porta cada vez pior, posteriormente com o decorrer dos séculos esta primeira luz ficou de tal modo obscurecida que, se porventura alguns se abstêm do culto aos falsos deuses, são muito poucos os que, por uma queda ainda mais grave, não degeneram no ateísmo.»

aceite neste tempo, é que as três leis se unem numa única. *E algumas linhas a seguir*: há muitos que confessam ingenuamente a sua irreligião. Os que se dececionam por uma falsa credulidade vivem igualmente, na sua maioria, num grande ateísmo de erros. *Já dissera no princípio deste capítulo*: «Esta primeira luz ficou de tal modo obscurecida com o decorrer dos séculos que, se porventura alguns se abstêm do culto dos falsos deuses, são muito poucos os que por uma queda ainda mais grave não degeneram no ateísmo.»

O P. Longobardi, após ter citado as palavras do P. Ricci, que com o decorrer dos séculos os chineses vivem, na sua maioria, num profundo ateísmo, acrescenta no Prefácio, n.º 16, In qua sententia omnes absque differentia concordamus ([2]).

Martin Martini, na sua *Historia* ([3]), livro 1, falando da Seita dos Filósofos ou dos Letrados, diz: *Quod omnia temere casusque existere arbitrentur... de summo ac primo rerum principio mirum apud omnes*

([2]) Longobardi N., prefácio do precedente; ver igualmente *Traité sur quelques points de la religion des Chinois*, Paris, Guérin, 1701.

([3]) Martini M., *Sinicae historiae decas prima res a gentis origine ad Christum natum in extrema Asia, sive magno Sinarum imperio gestas complexa*, Munique, Wagner, 1658, p. 2: *Alii qui sunt e praecipua Philosophorum secta, omnia temere casuque existitisse arbitrabantur; alii ab his longe diversi, sed a vero aeque abeuntes, mundum ab aeterno conditum voluere. Qui error una cum idolorum cultu manavit in hanc gentem ex lndia anno post Christum natum sexagesimo quinto. De summmo ac primo rerum authore mirum apud omnes silentium, quippe in tam copiosa lingua me nomen quidem Deus habet.*

silentium... E no seu *Atlas Chinês*, sobre o nome da cidade *Kien ming-Fu* menciona o célebre Intérprete Confúcio, chamado *Chú vuen- Kung* ([4]) *Hic Philosophiam Confucii ita scite explicuit, ut classicus omnino habeatur auctor, illaque explicatione uti omnes ex Imperatoris coguntur.*

Álvares Semedo, na sua Relação da China ([5]), *traduzida para francês e impresso em 1645, explica-se ainda melhor no cap. 10 da parte I, após ter falado dos Livros de Confúcio, e acrescenta*: além disso, há muitas glosas e explicações das quais, porém, só uma é universalmente aceite pela lei do Reino, não sendo permitido impugná-la ou contradizê-la em atos públicos, por ter tanta força e autoridade como o texto. *Este autor tão famoso e universalmente aceite é chamado pelos jesuítas* o ateu dos ateus.

O P. le Gobien, no início do prefácio da História do Édito do Imperador da China ([6]), *composta sobre as Memórias do P. Visdelou, admite duas seitas de letrados contra as opiniões do P. Ricci, do P. Semedo e at do próprio P. Visdelou.* A segunda, diz ele, a dominante, apesar de menos

---

([4]) Martini M., *Atlas sinicus, sive magni sinarum Imperii geographica descriptio*, Bruxelas, Blaeu, 1654.

([5]) Semedo A., *Histoire universelle du grand royaume de la Chine*, trad. por L. Coulon, Paris, *Cramoisg*, 1645, p. 70. O cap. X intitula-se: «Livros e ciências dos chineses».

([6]) Le Gobien Ch., *Histoire de l'édit de l'Empereur de la Chine en faveur de la religion chrétienne avec un Eclaircissement sur les honneurs que les Chinois rendent à Confucius et aux morts*, Paris, *Anisson*, 1698, «Prefácio», pp. 1 e 2; citado do tomo III das *Nouveaux mémoires sur l'état présent de la Chine*, Paris, Anisson, 1700.

espalhada do que outras, é a dos novos filósofos que na natureza apenas reconhecem a própria natureza, que definem como o princípio do movimento e do repouso.

O P. le Favre na sua Apologia da sociedade (7), *n.º 4, cap. 2, diz: Sectam litterariam, ut antiqui Missionarii judicarunt, quatenus ad posteriorum temporum litteratos corrupta defluxit, merum Atheismum esse, sed in nonnullis idololatria admixtum.*

O P. Visdelou, e o P. le Gobien depois dele chamam à Corte do Imperador situada em Pequim a *famosa Babilónia que, gabando-se de encerrar no interior das suas paredes tudo quanto há de sabedoria e de ciência no Universo, não é, propriamente falando, senão o centro do erro, o albergue do Ateísmo, o bastião da Idolatria.*

O P. Le Comte, carta 10 das suas *Memórias* sobre o presente estado da China (8), pág. 45 da 2.ª ed.:

---

(7) *Le Favre J, De Sinensium ritibus politicis ata seu dissertatio theologico-historica de avita Sinarum pietate praesertim erga defunctos et eximia erga Confucium nagistrum suum observantia,* Paris, *Pepi,* 1700, p. 93: *Perstat itaque antiqua Sinarum religio in litteratis praecipue qui se illius observatores et majorum suorum sectatores ambitiose jactitant. Hanc autem Tu Kiao, litterat torum legem ac doctrinam appellant de qua antiquiores Missionis Patres judicarunt illam quidem ex se cujusmodi vigebat in veteribus Sinis (inter quos nullius alterius religionis vestigia extant) nihil aliud esse quoad substantiam nisi legem naturae seu ex dictamine rectae rationis, et afflatu luminis naturalis exortam; quatenus vero ad posteriorum temporum litteratos corrupta defluxit, merum atheismum esse, sed in nonnullis idolatriae admixtum.*

(8) Le Comte L., *Nouveaux mémoires sur l'état présent de la Chine,* Paris, *Anisson,* 1700 2.ª ed..

É importante dar a conhecer uma terceira Seita... É a dos Sábios, p. 146. *Falam da Divindade como se fosse apenas a natureza, isto é, a força ou a virtude natural que produz, coordena e conserva todas as partes do Universo*, pág. 147. *Não se vê na sua obra senão um ateísmo refinado e um afastamento de todo o culto religioso.*

Privilégio do Rei

Luís, pela graça de Deus, Rei de França e de Navarra: Aos nossos amados e leais Conselheiros, encarregados das nossas Cortes do Parlamento, Referendários gerais do Palácio, grande Preboste de Paris, Magistrados, Senescais, seus Adjuntos civis e outros nossos oficiais de Justiça, salve!

Michel David, livreiro em Paris, tendo-nos novamente pedido que desejaria mandar imprimir um livro intitulado: *Diálogo de um Filósofo Cristão e de um Filósofo Chinês*, solicitou-nos se era do nosso agrado só conceder-lhe a Carta de Privilégio para a Cidade de Paris. Permitimos e permitiremos com a Presente ao dito David que mande imprimir o referido livro com a forma, margem, letra, e quantas vezes lhe parecer, vendê-lo e mandar vendê-lo por todo o nosso Reino por três anos consecutivos a contar da data da Presente. Proibimos a todas as pessoas de qualquer categoria e condição imprimir qualquer outra edição alheia a esta em qualquer lugar em que se nos deve obediência; a todos os

Editores, Livreiros e outros só na referida Cidade de Paris, imprimir e publicar, vender e divulgar noutra impressão além da que vier a ser feita pelo dito Requerente sob pena de os exemplares reproduzidos virem a ser confiscados, pagando a multa de mil libras por cada um dos proibidos; um terço seria para Nós, outro terço para o Hospital de Paris, o outro terço para o Requerente; e tudo dependendo dos prejuízos e interesses, com a condição da Presente estar inscrita no Registo da Comunidade dos Editores e Livreiros de Paris e isto nos três meses a partir da data da impressão do dito livro a fazer-se no nosso Reino e não noutra parte, em bom papel e boa letra, de acordo com os Regulamentos da Livraria. Antes de ser posto à venda, dois dos seus exemplares serão colocados na nossa biblioteca pública, um na do nosso Castelo do Louvre e outro no nosso querido e leal Cavaleiro Chanceler de França, o Senhor PHELYPEAUX, Conde de Pontchartrain, Comendador das nossas Ordens, sob pena de invalidade da Presente, cujo conteúdo vos enviamos e ordenamos para entregardes ao Requerente, seus donatários, plena e pacificamente sem lhes causar qualquer dano ou impedimentos. Ordenamos que a cópia da Presente, que será impressa no começo ou no fim do referido livro, seja considerada como um reconhecimento expresso e que se junte às cópias autenticadas por um dos nossos fiéis Conselheiros e Secretários, assim como ao original. Ordenamos primeiramente ao nosso Guarda da Câmara ou Oficial de Justiça para executar todos os Atos requeridos e necessários, sem qualquer outra autorização, apesar da demanda de Haro, Alvará Normando ou Cartas a isto contrárias. É isto, com efeito, o que nos apraz.

Assinado, O CONDE

Consignado no Registo n.º 2 da Comunidade dos Impressores e Livreiros de Paris, p. 312, n.º 593, de acordo com os Regulamentos e *principalmente por Decreto do Conselho de 13 de agosto de 1703.* Paris 22 de fevereiro de 1708, Assinado, *L. SEVESTRE,* Síndico ([1]).

([1]) Pela sua data, este *Privilégio* só se pode referir ao *Diálogo* e não à *Advertência.* Aparece indiferentemente no fim do *Diálogo* ou da *Advertência.*

Bibliografia seleta

sobre Malebranche

BLANCHARD, P., *L'attention à Dieu selon Malebranche. Méthode et doctrine*, Paris, Desclée, 1956.

CONNEL, D., *The Vision in God. Malebranche's Scholastic Sources*, Paris/Lovaina, Nauwelaerts, 1967.

CUVILLIER, A., *Essai sur la mystique de Malebranche*, Paris, Vrin, 1954.

DELBOS, V., *Étude de la philosophie de Malebranche*, Paris, Bloud et Gay, 1924.

DE MONTCHEUIL, Y., *Malebranche et le Quiétisme*, Paris, Aubier, 1946.

DREYFUS, G., *La volonté selon Malebranche*, Paris, Vrin, 1958.

GUEROULT, M., *Malebranche*, 3 vols. (I, *La vision en Dieu*; II, *Les cinq abîmes de la Providence, L'ordre et l'occasionalisme*), Paris, Aubier, 1955-1959.

GOUTHIER, H., *La vocation de Malebranche*, Paris, Vrin, 1926.

GOUTHIER, H., *La philosophie de Malebranche et son expérience religieuse*, Paris, Vrin, 1926.

LAPORTE, L, *La liberté selon Malebranche*, in *Études d'histoire de la philosophie française au XVII siecle*, Paris, Vrin, 1951, pp. 193-248.

MOUY, P., *Les lois du choc des corps d'après Malebranche*, Paris, Vrin, 1927.

MOUY, P., *Le développement de la physique cartésienne (1646--1712)*, Paris, Vrin, 1934.

OYARZABAL AGUINACALDE, M., *El conocimiento de Dios segun Malebranche*, Vitoria, Ed. ESET, 1989.

ROBINET, A., *Système et existence dans l'oeuvre de Malebranche*, Paris, Vrin, 1965.

ROBINET, A., *Malebranche et L'Académie des Sciences. L'oeuvre scientifique, 1674-1713*, Paris, Vrin, 1970.

RODIS-LEWIS, G. N., *Malebranche*, Paris, PUF, 1963.

VERGA, L., *La filosofia morale di Malebranche*, Milão, Vita e Pensiero, 1964. *Malebranche, l'homme et l'oeuvre, 1638--1715*, Centre International de synthèse, 250.º aniversário da morte de Malebranche, Paris, Vrin 1965.

VIDGRAIN, J., *Le Christianisme dans la philosophie de Malebranche*, Paris, Alcan, 1923.

WALTON, C., *De la Recherche du Bien: A Study of Malebranche's Science of Ethics*, Haia, Nijhoff, 1972.

Textos filosóficos

1. *Crítica da Razão Prática*, Immanuel Kant
2. *Investigação sobre o Entendimento Humano*, David Hume
3. *Crepúsculo dos Ídolos*, Friedrich Nietzsche
4. *Discurso de Metafísica*, Immanuel Kant
5. *Os Progressos da Metafísica*, Immanuel Kant
6. *Regras para a Direção do Espírito*, René Descartes
7. *Fundamentação da Metafísica dos Costumes*, Immanuel Kant
8. *A Ideia da Fenomenologia*, Edmund Husserl
9. *Discurso do Método*, René Descartes
10. *Ponto de Vista Explicativo da Minha Obra de Escritor*, Sören Kierkegaard
11. *A Filosofia na Idade Trágica dos Gregos*, Friedrich Nietzsche
12. *Carta sobre a Tolerância*, John Locke
13. *Prolegómenos a Toda a Metafísica Futura*, Immanuel Kant
14. *Tratado da Reforma do Entendimento*, Bento de Espinosa
15. *Simbolismo: Seu Significado e Efeito*, Alfred North Withehead

16. *Ensaio sobre os Dados Imediatos da Consciência*, Henri Bergson
17. *Enciclopédia das Ciências Filosóficas em Epítome (Vol. I)*, Georg Wilhelm Friedrich Hegel
18. *A Paz Perpétua e Outros Opúsculos*, Immanuel Kant
19. *Diálogo sobre a Felicidade*, Santo Agostinho
20. *Princípios da Filosofia do Futuro*, Ludwig Feuerbach
21. *Enciclopédia das Ciências Filosóficas em Epítome (Vol. II)*, Georg Wilhelm Friedrich Hegel
22. *Manuscritos Económico-Filosóficos*, Karl Marx
23. *Propedêutica Filosófica*, Georg Wilhelm Friedrich Hegel
24. *O Anticristo*, Friedrich Nietzsche
25. *Discurso sobre a Dignidade do Homem*, Giovanni Pico della Mirandola
26. *Ecce Homo*, Friedrich Nietzsche
27. *O Materialismo Racional*, Gaston Bachelard
28. *Princípios Metafísicos da Ciência da Natureza*, Immanuel Kant
29. *Diálogo de um Filósofo Cristão e de um Filósofo Chinês*, Nicholas Malebranche
30. *O Sistema da Vida Ética*, Georg Wilhelm Friedrich Hegel
31. *Introdução à História da Filosofia*, Georg Wilhelm Friedrich Hegel
32. *As Conferências de Paris*, Edmund Husserl
33. *Teoria das Conceções do Mundo*, Wilhelm Dilthey
34. *A Religião nos Limites da Simples Razão*, Immanuel Kant
35. *Enciclopédia das Ciência Filosóficas em Epítome (Vol. III)*, Georg Wilhelm Friedrich Hegel
36. *Investigações Filosóficas sobre a Essência da Liberdade Humana*, F. W. J. Schelling
37. *O Conflito das Faculdades*, Immanuel Kant
38. *Morte e Sobrevivência*, Max Scheler
39. *A Razão na História*, Georg Wilhelm Friedrich Hegel

40. *O Novo Espírito Científico,* Gaston Bachelard
41. *Sobre a Metafísica do Ser no Tempo,* Henrique de Gand
42. *Princípios de Filosofia,* René Descartes
43. *Tratado do Primeiro Princípio,* João Duns Escoto
44. *Ensaio sobre a Verdadeira Origem, Extensão e Fim do Governo Civil,* John Locke
45. *A Unidade do Intelecto contra os Averroístas,* São Tomás de Aquino
46. *A Guerra e A Queixa da Paz,* Erasmo de Roterdão
47. *Lições sobre a Vocação do Sábio,* Johann Gottlieb Fichte
48. *Dos Deveres (De Officiis),* Cícero
49. *Da Alma (De Anima),* Aristóteles
50. *A Evolução Criadora,* Henri Bergson
51. *Psicologia e Compreensão,* Wilhelm Dilthey
52. *Deus e a Filosofia,* Étienne Gilson
53. *Metafísica dos Costumes, Parte I, Princípios Metafísicos da Doutrina do Direito,* Immanuel Kant
54. *Metafísica dos Costumes, Parte II, Princípios Metafísicos da Doutrina da Virtude,* Immanuel Kant
55. *Leis. Vol. I,* Platão
58. *Diálogos sobre a Religião Natural,* David Hume
59. *Sobre a Liberdade,* John Stuart Mill
60. *Dois Tratados do Governo Civil,* John Locke
61. *Nova Atlântida e A Grande Instauração,* Francis Bacon
62. *Do Espírito das Leis,* Montesquieu
63. *Observações sobre o sentimento do belo e do sublime e Ensaio sobre as doenças mentais,* Immanuel Kant
64. *Sobre a Pedagogia,* Immanuel Kant
65. *Pensamentos Filosóficos e Adição aos Pensamentos Filosóficos ou Objeções Diversas contra os Escritos de Diferentes Teólogos,* Denis Diderot
66. *Uma Investigação Filosófica Acerca da Origem das Nossas Ideias do Sublime e do Belo,* Edmund Burke
67. *Autobiografia,* John Stuart Mill